建设机械岗位培训教材

高空作业车安全操作与维修保养

住房和城乡建设部建筑施工安全标准化技术委员会
中国建设教育协会建设机械职业教育专业委员会 组织编写

王 平 主编

中国建筑工业出版社

图书在版编目（CIP）数据

高空作业车安全操作与维修保养/王平主编. —北京：中国建筑工业出版社，2015.5（2025.4重印）
建设机械岗位培训教材
ISBN 978-7-112-18046-2

Ⅰ. ①高… Ⅱ. ①王… Ⅲ. ①高空作业车-操作-岗位培训-教材②高空作业车-车辆修理-岗位培训-教材 ③高空作业车-车辆保养-岗位培训-教材 Ⅳ. ①U469.6

中国版本图书馆 CIP 数据核字（2015）第 082511 号

本书为建筑机械岗位培训教材，内容包括岗位认知，高空作业机械，工作原理与基本构造，工法与标准规范，作业指导书（工法）案例，操作与维保，安全防护，人机协同典型工况与事故处置，作业现场常见标志标识等。

本书既可作为施工作业人员上岗培训教材，也可作为高中职院校相关专业的教材。

责任编辑：朱首明　李　明　刘平平
责任设计：李志立
责任校对：李美娜　陈晶晶

建设机械岗位培训教材
高空作业车安全操作与维修保养
住房和城乡建设部建筑施工安全标准化技术委员会
中国建设教育协会建设机械职业教育专业委员会　组织编写
王　平　主编
*
中国建筑工业出版社出版、发行（北京西郊百万庄）
各地新华书店、建筑书店经销
北京红光制版公司制版
建工社（河北）印刷有限公司印刷
*
开本：787×1092 毫米　1/16　印张：9¼　字数：221 千字
2015 年 4 月第一版　2025 年 4 月第七次印刷
定价：**26.00** 元
ISBN 978-7-112-18046-2
(27245)

建设机械岗位培训教材编审委员会

主 任 委 员：李守林

副主任委员：王 平 李 奇 沈元勤

顾 问 委 员：荣大成 鞠洪芬 刘 伟 霍玉兰

委 员：（按姓氏笔画排序）

王 进 王庆明 邓年春 师培义 朱万旭 刘 彬

刘振华 关鹏刚 苏明存 李 飞 李 军 李明堂

李培启 杨惠志 肖 理 肖文艺 吴斌兴 陈伟超

陈建平 陈春明 周东蕾 禹海军 耿双喜 高红顺

陶松林 姬光才 葛学炎 鲁轩轩 雷振华 蔡 雷

特别鸣谢：

中国工程机械工业协会高空与装修机械分会

徐州海伦哲专用车辆股份有限公司

中国建筑科学研究院北京建筑机械化研究院

中国建设机械教育协会秘书处

武警部队交通指挥部

中国建筑装饰协会施工委员会

中国建设劳动学会机械分会

国际高空作业协会（IPAF）

全国升降工作平台标准化技术委员会（ISO/TC214）

河南省标准定额站

住建部标准定额研究所

杭州赛奇高空作业机械有限公司

长安大学工程机械学院

杭州爱知工程车辆有限公司

捷尔杰（天津）设备有限公司

前　言

我国高空作业车的生产使用从 20 世纪 70 年代初起步，至今已 40 多年历史。高空作业车广泛使用在工程安装作业与维护、电力、路灯、交通、园林等部门，并扩展到外墙装饰、建筑外保温、高大空间维护等领域。随着高空作业车的普及，作业人员对高空作业机械专业知识提出了更新需求。

高空作业机械（平台、车）能够适应于各种工程项目，施工中不受地域和地面的影响和限制，同时对环境要求较低，更适合复杂的立面墙体。高空作业平台和高空作业车使用方便、转移迅速、运输时不需要额外车辆，适合快速高效安全作业，当建筑高度超过 10m，使用高空作业机械的成本低于脚手架 30％，而效率提高 50％。

为推动高空作业机械化施工领域岗位能力培训工作，中国建设教育协会建设机械职业教育专业委员会联合中国建筑科学研究院建筑机械化研究分院、住房城乡建设部施工安全标准化技术委员会共同设计了建设机械岗位培训教材的知识体系和岗位能力的知识结构框架，并启动了岗位培训教材研究编制工作，得到了行业主管部门、高校院所、行业龙头骨干厂、高中职校会员单位和业内专家的大力支持。住房城乡建设部建筑施工安全标准化技术委员会、中国建筑科学研究院建筑机械化研究分院、中国建设教育协会建设机械职业教育专业委员会等单位及时组织编写了《高空作业车安全操作与维修保养》一书。该书全面介绍了高空作业机械行业知识、职业要求、产品原理、设备操作、维修保养、安全作业及设备在各领域的应用，对于普及高空机械化施工作业知识将起到积极作用。

该书既可作为施工作业人员上岗培训之用，也可作为高职类学校相关专业的基础教材。因水平有限，编写过程如有不足之处，欢迎广大读者提出意见和建议。

全书由中国建筑科学研究院建筑机械化研究分院王平高级工程师主编并统稿，徐州海伦哲专用车辆股份有限公司蔡雷总工任副主编，住房和城乡建设部建筑施工安全标准化技术委员会李守林主任委员担任主审。

本书编写过程中得到了中国建设教育协会建设机械职业教育专业委员会各会员单位，以及业内骨干企业徐州海伦哲专用车辆股份有限公司等单位的大力支持。徐州海伦哲专用车辆股份有限公司李培启、王滕、胡建龙、耿艳杰、曾清、刘涛、闫晓玲，住建部标准定额研究所张惠锋，河南省标准定额站朱军，武警部队交通指挥部刘振华，施工车辆培训中心林英斌，深州公安消防大队李保国，北京建筑机械化研究院李静、王春琢、鲁卫涛、谢丹蕾、孟竹、刘承桓、尹如法、张淼、高铭等参加编写，插图由宋爽、王金英绘制。编写过程得到了中国工程机械工业协会高空与装修机械分会霍玉兰秘书长、杭州赛奇高空机械公司陈建平教授、长安大学工程机械学院王进教授、中国建筑装饰协会施工委员会关鹏刚、王庆明、陈春明等业内人士不吝赐教。国际高空作业协会（IPAF）有关人士为本书安全公益提示等章节提供了参考素材，一并致谢。

目　录

第一章 岗 位 认 知

第一节 行 业 认 知

高空作业车和其他高空作业机械相比，由于其属于道路行驶车辆中的专用汽车，因此高空作业车同时要符合我国机动车辆管理的各项要求，主要有准入管理、CCC 强制认证和环保管理。

一、准入管理

专用汽车准入管理是指国家主管部门对专用汽车和挂车（不包括用于军事目的的或场内使用的车辆产品，以下简称专用汽车）生产企业及产品实施的生产和市场准入行政许可。高空作业车（汽车底盘）与专用汽车类直接相关。

我国专用汽车和挂车生产企业及产品准入管理规则规定：凡在中华人民共和国境内从事专用汽车生产的企业，必须具备相应条件并经过国家主管部门许可后，方能取得专用汽车生产资格。专用汽车产品须经国家主管部门许可后，方可生产、销售。取得准入许可的专用汽车企业和产品由国家主管部门以《车辆生产企业及产品公告》（以下简称《公告》）方式发布。

专用汽车产品分为专用客厢车、专用货车、专用作业车、通用货车挂车、其他挂车、特种作业车、消防车、特种作业车底盘，共八个品种。高空作业车属于专用作业车类。工业和信息化部负责专用汽车和挂车生产企业及产品准入管理。

因此，所有高空作业车产品，必须经过国家定点机构检测，并报工信部，经审核、许可，并经公告后允许销售、申请注册登记申领机动车号牌上路。

二、强制性产品认证

中国政府于 2001 年 12 月 3 日对外发布了强制性产品认证制度，对列入目录的 19 类132 种产品实行"统一目录、统一标准与评定程序、统一标志和统一收费"的强制性认证管理。"中国强制认证"（英文名称为 China Compulsory Certification），其英文缩写为"CCC"，故又简称"3C"认证（图 1-1）。

"3C"认证是中国政府按照世贸组织有关协议和国际通行规则，为保护广大消费者人身和动植物生命安全，保护环境、保护国家安全，依照法律法规实施的一种产品合格评定制度。3C 认证并不是质量认证，而只是一种最基础的安全认证。第一批列入强制性认证目录的产品包括电线电缆、开关、低压电器、电动工具、家用电器、农业轮胎、农业载重轮胎、音视频设备、信息设备、电信终端、机动车辆、医疗器械、安全防范设备等。高空作业车（汽车底盘）使用该规定。

3C认证标志

图 1-1

汽车作为一种强制性认证产品，采用由国家认定的指定实验室对汽车安全性能的各种指标进行型式试验；生产现场抽取样品检测或者检查；市场抽样检测或者检查；企业质量保证能力和产品一致性检查等多种模式组合的认证方式。根据机动车辆类强制性认证实施规则，汽车产品强制性认证检测项目包括：机动车运行安全技术条件；车辆识别代号；道路车辆外廓尺寸、轴荷及质量限值；汽车转向系；汽车制动系统；汽车驾驶员前方视野要求及测量方法；汽车及挂车外部照明和信号装置的安装规定等 60 余项国家标准规定内容。高空作业车的认证检测项目还包括上装电气系统；危险标志；作业噪声；安全防护装置；操作装置；整车稳定性；液压系统；起升、变幅、伸缩、回转机构；结构强度等专用汽车专有项目的检测。必须经国家指定的认证机构认证合格，取得相关证书并加施认证标志后，方能出厂、进口、销售和在经营服务场所使用。

三、环保管理

使用发动机作为动力的高空作业车（汽车底盘）存在一定程度上的尾气排放；我国规定，汽车新产品采取网上申报方式向国家环境保护总局机动车排污监控中心进行环保达标排放申报。申报产品要经环保总局委托的检测机构进行检测，检测机构出具检验/视同检验报告。通过审核并批准的车型或发动机型，由国家环境保护总局网站发布，并同时在国家环境保护总局机动车排污监控中心（机动车环保网）网上发布。

2009 年开始，国家环保局对机动车实施机动车环保检验合格标志管理，在中华人民共和国境内登记的机动车，对按照国家有关在用机动车污染物排放标准，经定期检验合格的机动车，核发机动车环保检验合格标志。

机动车环保检验合格标志按照国家新生产机动车污染物排放标准分阶段实施步骤，分为绿色环保检验合格标志和黄色环保检验合格标志。目前装用点燃式发动机汽车达到国Ⅴ及以上标准的、装用压燃式发动机汽车达到国Ⅳ及以上标准的，核发绿色环保检验合格标志。未达到上述标准的机动车，核发黄色环保检验合格标志。

新购置机动车注册登记前，机动车所有者应当在拟注册登记地申请核发环保检验合格标志。环保检验合格标志核发人员应当依据环保达标车型查询系统的查询结果，凭机动车整车出厂合格证明或者进口机动车进口凭证以及机动车购置发票，核发环保检验合格标志。

第二节　产　业　认　知

一、国外产业现状

欧洲：西欧等发达国家和地区，高空作业车发展起步较早。产品技术水平高、制造工艺精湛、安全性好、可靠性高、作业高度大、规格齐全、结构形式丰富、功能多样。大作业高度高空作业平台广泛使用。结构形式以伸缩臂式和混合臂式为主，折叠臂式较少。

欧洲高空作业车品种齐全，生产厂家众多。主要制造商以 BRONTO（波浪涛）、RUTHMANN（胡特曼）、CTE 等厂家为代表。BRONTO 的消防登高平台全球领先，占据最大的国际市场份额。

欧盟（西欧）由于城市化率高，电力线缆入地率高，因而欧洲绝缘型高空作业车极少使用。

北美：北美在绝缘型高空作业车方面技术领先，早在20世纪20年代，美国人就开始在配电线路上用木质平台探索带电作业。直到20世纪50年代，随着环氧玻璃纤维这一新型绝缘材料的问世，绝缘型高空作业车得到广泛的使用。

美国高空作业产品结构形式多样，绝缘型高空作业车以混合臂式、折叠臂为主，由于下绝缘的要求，直伸臂式较少使用。作业高度大多40m以下。

绝缘式高空作业生产厂家主要集中在北美地区，代表全球带电作业设备最高生产制造水平。主要制造商ALTEC（阿尔泰克）、TEREX（特雷克斯）、TIME（时代）的绝缘车占据绝大部分国际市场份额。

目前带电作业比较广泛的地区是北美，其次有南美、东亚、东南亚、澳大利亚、东欧等地区。该类地区特点是地域宽广、电力线缆架空等。

亚洲：日韩高空作业车多为30m以下，大作业高度较少，以伸缩臂式为主，折叠臂式和混合臂式平台较少。以AICHI、TADANO为代表的日本高空作业车在人性化设计及电脑自动化控制方面独具特色，外形设计自成一体，采用作业平台前置形式，体积小，机动性较好。韩国也有部分制造厂家，如SOOSAN、DONGHAE等，产量较小，多数仿制日本车型。绝缘型高空作业车，没有下绝缘段，以配网作业为主。

欧美高空作业车主要以租赁形式为主。

二、国内产业现状

我国于20世纪70年代开始生产高空作业机械（平台、车及其他），但发展相对较缓慢，直到20世纪90年代后期随着国内经济的快速增长而得到快速发展。目前国内高空作业平台厂家众多，虽然大多生产厂仍以无行走装置，垂直升降结构的简单产品为主，但已经出现了多家剪叉式、臂架式等产品系列齐全的自行式高空作业平台生产厂家，部分厂家已经具备了较强的国际竞争能力。国内的自行走产品动力主要是发动机，直流电动力、燃气动力等清洁能源使用很少，行走方式以轮胎式为主，蜘蛛式、履带式已经开始起步。

2000年以后，高空作业车也得到快速发展，涌现出大批生产厂家，大部分厂家产品仍以折叠臂、作业高度20m以下的产品为主，但主要生产厂家的伸缩臂产品发展迅速，混合臂产品也已经形成系列，作业高度突破40m，产品外观明显改善；功能增加、性能提升，控制水平提高，安全装置不断完善，部分产品技术水平已经接近或达到国际水平，能够满足国内用户需求。由于我国带电作业和美国、日本相比开展较晚，对绝缘型高空作业车的研究刚开始起步，目前绝缘型高空作业车几乎全部依靠进口上装，匹配国产底盘。

主要生产厂家有徐州Handler（海伦哲）、杭州Aichi（爱知）（合资）等。

目前国内产品的特色

（1）产品作业专用化

新产品应用领域逐渐渗透到各行业。高空作业机械逐步向高空变形，高空清洗、高空架线等高空作业需求进行产品演变，并向高效、专用化作业发展；同时用户更加重视作业人员的技能专业化。

（2）产品形式多元化

新产品结构更加丰富，目前出现了折叠＋伸缩混合臂架、曲臂、摆臂、平台垂直升降等多元化的结构形式。其中混合臂架能够高低空作业，是产品技术的创新方向。

（3）产品结构轻量化

新产品在结构有限元分析及三维动态仿真设计（虚拟样机）的基础上，结构轻量化设计。高强度钢材、铝合金机械轻度不断提升；随着复合材料的发展，玻璃钢、碳纤维材料等先进复合材料已尝试。

（4）控制系统智能化

随着现代控制技术的发展，以及作业平台作业高度的不断提高，产品安全性、可靠性以及操作舒适性不断改善，而微处理器控制技术、现场总线控制技术、传感器技术、通信技术等高科技技术的投入使用，则使得设备控制系统向智能化方向快速发展。

（5）作业功能人性化、安全性能不断完善

人机工程学的运用促使设备的操作舒适性进一步提升，安全检测装置更加齐全、关键检测装置均设计开发了冗余备份和软件程序。

（6）施工需求多样化

施工作业需求出现多元化、特性化，针对不同的作业环境，结构形式、动力形式（静音、混合动力），行驶性能需求（崎岖路面、山地越野、野地越野等）辅助功能等进一步多样化，对起重、液压和气动工具、应急电源的需求增加。

三、产业历程

1988 年之前，高空作业通常采用传统脚手架技术；对机械化作业模式和高空作业平台研究与产业化基本空白；1988 年，国内发布了第一本高空作业领域行业标准《高空作业平台》JG/T 5100～5104－1988，指导国内该行业对高空作业装置进行系统研究和产业化。1990 年初期只能生产室内安装修理用的剪叉、桅柱式高空作业装置；1996 年，国外平台产品—专用于室外作业的无脚手架作业机械设备进入国内，在一些重点工程、重要场合进口推广；1996 年后，国内一些企业逐渐开发室外剪叉类作业平台。但作业高度、作业范围及性能等指标不能适应复杂施工环境。因此到 2008 年前后，我国境内脚手架作业方式仍为主流。进口的高空施工作业设备主要用于大型建筑施工安装、钢结构安装施工、造船工厂船舶制造、维护等市场，国外品牌平台产品依然占据高端市场和国内总体份额的大部分比重。

四、产业前景

2000 年后，我国出台高空作业机械产业规划，将高空作业机械设备纳入国家科技创新驱动战略。"十一五"、"十二五"期间，住房和城乡建设部、国资委、科技部高度重视高空作业机械装备产业发展与施工安全技术装备研发工作，先后组织四个国家科技支撑计划项目，委托中国建筑科学研究院建筑机械化研究院负责组建项目管理办公室，负责本领域多个项目的组织、实施、管理。主要包括以下项目：

《建筑工程装备研究与产业化开发》

《无脚手架安装作业装备研究与产业化开发》

《建筑施工关键技术研发与装备产业化》

《绿色建造关键技术与工艺研究》

《绿色施工标准体系与关键技术标准研究》

以上项目在高空作业机械领域已经突破 30 多项行业共性关键技术，为建设机械和工程装备业的发展提供了重要科技支撑。

第三节 职业道德认知

一、职业道德的概念

职业道德是指所有从业人员在职业活动中应该遵循的行为准则，是一定职业范围内的特殊道德要求，即整个社会对从业人员的职业观念、职业态度、职业技能、职业纪律和职业作风等方面的行为标准和要求。属于自律范围，它通过公约、守则等对职业生活中的某些方面加以规范。

二、职业道德规范要求

住房和城乡建设部发布的《建筑业从业人员职业道德规范（试行）》中，对平地机操作人员相关要求如下：

1. 建筑从业人员共同职业道德规范：

（1）热爱事业，尽职尽责

热爱建筑事业，安心本职工作，树立职业责任感和荣誉感，发扬主人翁精神，尽职尽责，在生产中不怕苦，勤勤恳恳，努力完成任务。

（2）努力学习，苦练硬功

努力学文化，学知识，刻苦钻研技术，熟练掌握本工种的基本技能，练就一身过硬本领。努力学习和运用先进的施工方法，钻研建筑新技术、新工艺、新材料。

（3）精心施工，确保质量

树立"百年大计、质量第一"的思想，按设计图纸和技术规范精心操作，确保工程质量，用优良的成绩树立建安工人形象。

（4）安全生产，文明施工

树立安全生产意识，严格安全操作规程，杜绝一切违章作业现象，确保安全生产无事故。维护施工现场整洁，在争创安全文明标准化现场管理中做出贡献。

（5）节约材料，降低成本

发扬勤俭节约优良传统，在操作中珍惜一砖一木，合理使用材料，认真做好落手清、现场清，及时回收材料，努力降低工程成本。

（6）遵章守纪，维护公德

要争做文明员工，模范遵守各项规章制度，发扬团结互相精神，尽力为其他工种提供方便。

提倡尊师爱徒，发扬劳动者的主人翁精神，处处维护国家利益和集体利益，服从上级领导和有关部门的管理。

2. 中小型机械操作工职业道德规范包括：

（1）集中精力，精心操作，密切配合其他工种施工，确保工程质量，使工期如期完成。

（2）坚持"生产必须安全，安全为了生产"的意识，安全装置不完善的机械不使用，有故障的机械不使用，不乱接电线。爱护机械设备，做好维护保养工作。

（3）文明操作机械，防止损坏他人和国家财产，避免机械噪声扰民。

3. 汽车驾驶员职业道德规范

（1）严格执行交通法规和有关规章制度，服从交警的指挥。

（2）严禁超载，不乱装乱卸，不出"病"车，不开"争气"车、"英雄"车、"疲劳"车，不酒后驾车。

（3）服从车辆调度安排，保持车况良好，提高服务质量。

（4）树立"文明行驶，安全第一"的思想。

（5）运输砂、石料和废土等散状物件时，防止材料洒落沾污道路。

第二章 高空作业机械

第一节 高空作业

从高空作业施工角度看，我国国家标准《高处作业分级》GB/T 3608-2008中对高空作业的定义为：在坠落高度基准面2m或2m以上有可能坠落的高处进行的作业。

目前国内建筑施工高处作业执行的安全规范《建筑施工高处作业安全技术规范》JGJ 80，规定了临边作业、洞口作业、攀登与悬空作业、交叉作业四种高处作业方式需要在施工时使用必要的安全设施，在施工组织设计中应确定用于现场施工的登高和攀登设施。高空作业可借助建筑结构、脚手架或梯子，也可采用载人的垂直运输设备（如升降工作平台等），除此之外没有更严格的安全保护规定。

第二节 高空作业机械及其分类

高空作业机械是一种将作业人员、工具、材料等通过作业平台举升到空中指定位置进行各种安装、维修等作业的专用设备。

高空作业机械的一般分类如图2-1所示。

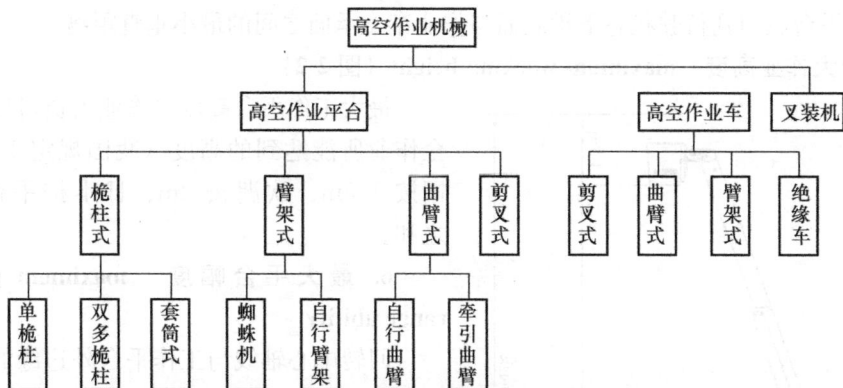

图 2-1 高空作业机械分类

按有关标准，高空作业平台和高空作业车产品的基本定义如下：

高空作业平台：用来运送人员、工具和材料到指定位置进行工作的设备。包括带控制器的工作平台、伸展结构和底盘。

高空作业车：以定型道路车辆为转场支撑底盘，由车辆驾驶员操纵其移动的高空作业平台设备。

常规上可以理解为：凡带有汽车底盘或其他车辆作行走装置，能在公路上行驶的，称作高空作业车；而未带汽车底盘的，统称作高空作业平台。

简言之：高空作业车由汽车底盘和位于上车的高空作业平台等系列工作装置组合而成，产品集成了作业平台、控制系统和汽车行走底盘等，其上车部分在基本原理、技术内容、维修保养、安全防护、流程作业、事故应对、标准执行、工法运用、现场作业等与高空作业平台产品非常相似。如：剪叉式高空作业车，其升降原理主要是依靠液压油缸或丝杠的传动实现剪刀撑的上下运动，由汽车底盘提供底部支撑，上不直接采用剪叉式升降平台组合而成。

读者对于高空作业平台产品的工作原理，请通过阅读产品手册进一步了解相关知识。本书及下文以最为复杂的臂架式高空作业车产品为例，对其工作原理和相关知识加以详细阐述，全文以臂架式高空作业车为阐述重点。

第三节　高空作业车工作参数与基本分类

一、基本参数与常见术语

1. 高空作业车　vehicle-mounted mobile elevating work platform

高空作业平台的底盘为定型道路车辆，并有车辆驾驶员操纵其移动的设备。

2. 工作平台　work platform

在空中承载工作人员和使用器材的装置。例如斗、篮、筐或其他类似的装置。

3. 最大工作平台高度　maximum platform height

工作平台承载面与作业车支承面之间的最大垂直距离。

4. 最低工作平台高度　minimum platform height

工作平台收回到行驶状态下承载面与作业车支承面之间的最小垂直距离。

5. 最大作业高度　maximum working height（图 2-2）

最大工作平台高度与作业人员可以进行安全作业所能达到的高度（我国规定 1.7m、美国按 1.5m、欧洲按 2m、日本按平台高度）之和。

6. 最大平台幅度　maximum platform range ability

回转中心轴线与工作平台外边缘的最大水平距离。

7. 最大作业幅度　maximum working range ability（图 2-3）

最大平台幅度与作业人员可以进行安全作业所能达到的最大水平距离（我国规定 0.6m）之和。

8. 额定载荷　rated load

工作平台所标称的最大装载质量。包括工作人员重量和携带的工具、货物重量。

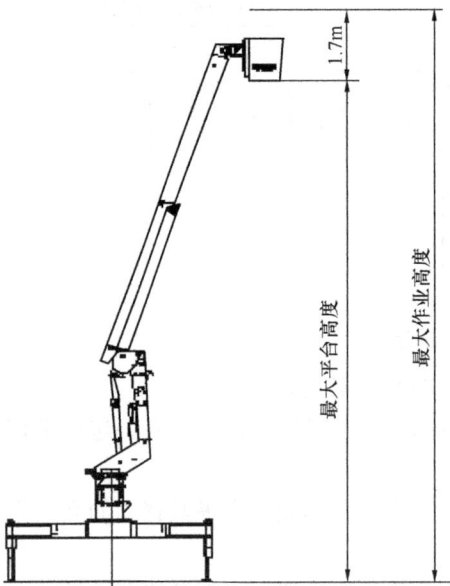

图 2-2　最大作业高度

9. 作业范围曲线

由于受作业稳定性及结构强度等制约，高空作业车在不同的作业高度下被限制不同的作业幅度，表示作业高度和作业幅度对应关系的曲线就是作业范围曲线。图 2-4 为典型的作业范围曲线。

10. 最大起重量

基本臂起重，仰角为规定最大值时额定起重量。

11. 起重性能曲线

作业车的起重量由起重工作臂强度、卷扬起重能力、整车稳定性等因素共同确定，考虑以上因素后的起重量和起重高度、起重幅度之间的关系曲线称为起重性能曲线。

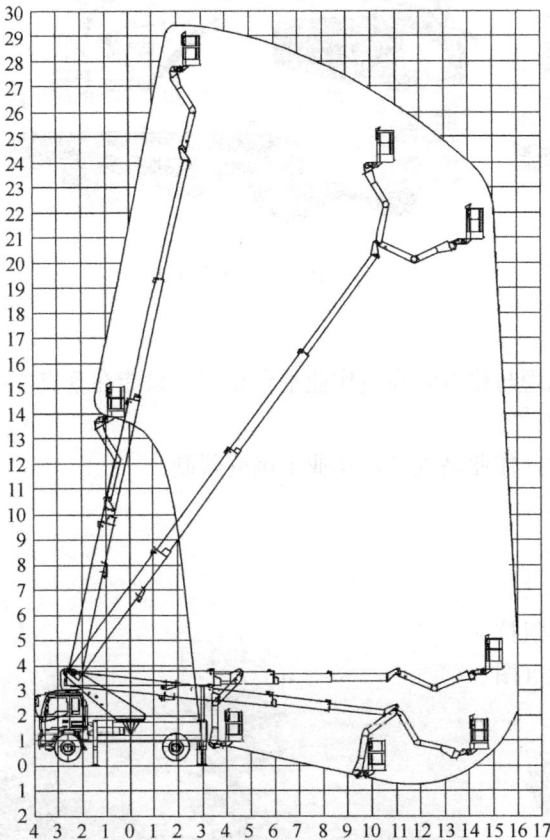

图 2-3　最大作业幅度

图 2-4　作业范围曲线

二、分类与型号

1. 机构型式分类

按上车部分的升降机构的型式，高空作业车可划分为四种基本型式，如图 2-5 所示。

（1）伸缩臂式

这种型式的高空作业车各工作臂之间的相对运动只能进行伸缩（图 2-6）。

特点：结构较复杂，操作简单直观，结构紧凑，机动性好，作业范围大，回转时占用空间小，跨越障碍能力相对较差。

（2）折叠臂式

这种型式的高空作业车工作臂之间的连接全部采用铰接型式（图 2-7）。

所以又把这种高空作业车叫作铰接式高空作业车。

特点：结构比较简单，跨越障碍能力强，可带起重功能，回转时占用空间大，操作比较繁琐。

（3）混合臂式

这种型式的高空作业车工作臂之间既有铰接，也有伸缩。图中上、下工作臂可伸缩图 2-8，上工作臂与下工作臂铰接。

特点：结构复杂多变，相对紧凑，操作较简单直观，跨越障碍能力很强，可以实现特定功能。

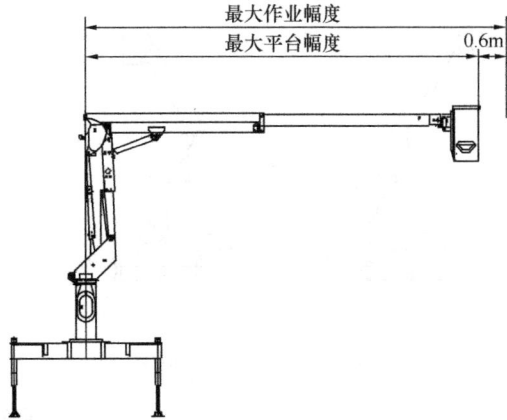

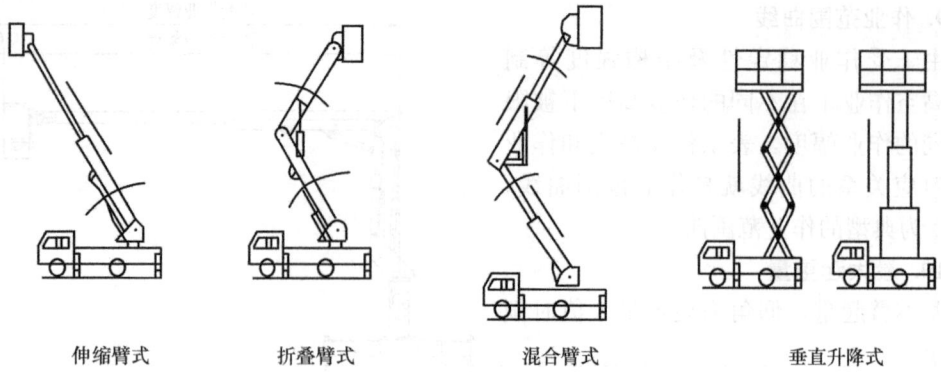

伸缩臂式　　　　折叠臂式　　　　　混合臂式　　　　　垂直升降式

图 2-5　高空作业车的四种基本型式

图 2-6　伸缩臂式

图 2-7　折叠臂式

（4）垂直升降式

这种型式的高空作业车升降机构其原理与检查时高空作业平台相同，只能在垂直方向上进行运动，本书不作重点介绍（图 2-9）。

特点：结构简单价格低，承载能力大，作业高度低，作业范围受限制。

2. 绝缘性能分类

（1）绝缘型

工作平台、部分工作臂采用绝缘材料（一般为玻璃钢）制作，工作平台和大地之间阻抗很大。作业车可以在高压线路上带电作业（图 2-10）。

图 2-8　混合臂式

图 2-9　垂直升降式

图 2-10 绝缘型

图 2-11 非绝缘型

绝缘型高空作业车：一般用于电力设施的带电抢修和维护。

（2）非绝缘型

作业车不具备绝缘功能，不能进行带电工作，高空作业时需要远离高压带电体。非绝缘高空作业车：广泛用于市政、电力、交通、园林、电信、港口、油田、风电、变电站、广告安装、企事业单位等。

3. 规格型号

作业车规格型号由代号、产品参数等组成。下面以 XZJ5040JGKZ14A 型高空作业车为例对产品型号的编制方法加以说明（图 2-12）。

（1）企业代号。国家对国内每个汽车生产企业给定唯一的企业代号。如：XHZ 是徐州海伦哲专用车辆有限公司的企业代号。

（2）车辆类别代号。专用汽车类别代号为：5。

（3）产品主参数。专用汽车的产品主参数为车辆的总重，该产品总重为 $3.5t \leqslant G \leqslant 4.5t$，因此该车主参数为 04。

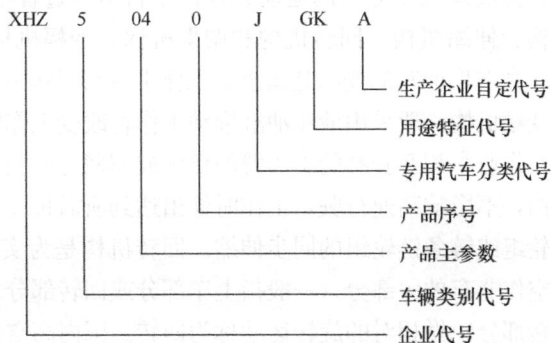

XHZ 5 04 0 J GK A

- 生产企业自定代号
- 用途特征代号
- 专用汽车分类代号
- 产品序号
- 产品主参数
- 车辆类别代号
- 企业代号

图 2-12 作业车规格型号

（4）产品序号。第一次设计序号为 0，第一次改型，序号为 1，依此类推。

（5）专用汽车分类代号。J 表示起重举升类汽车。

（6）用途特征代号。GK 表示高空。

（7）企业自定代号。由企业根据自身情况确定。

第三章 工作原理与基本构造

一、基本原理

高空作业车是运载人员、工具和材料到工作现场并进行空中作业的专用车辆。高空作业车采用定型生产的汽车底盘作为行走机构，实现行走（转场）和运载功能。除汽车底盘外，为实现高空作业功能，高空作业车的构成还包括动力系统、工作机构、机械结构、液压和电气控制系统以及安全装置几部分。

采用定型汽车底盘作为行走机构是高空作业车区别于其他自行式高空作业平台的最主要的特征。使用汽车底盘作为行走机构，使高空作业车具有了其他种类高空作业平台所不具备的高机动性能，从而具有快速转场能力。汽车底盘发动机的动力强大，也是高空作业车实现高空作业功能的主动力源。

高空作业车动力系统一般指实现高空作业所需要的能源。高空作业车通常使用汽车底盘发动机作为动力源，通过取力系统将底盘发动机的部分动力取出，用以驱动高空作业车的工作机构和伸展结构。这种情况下，底盘发动机、取力装置以及控制取力装置工作或断开取力控制系统构成高空作业车的动力系统。除使用底盘发动机作为动力源外，也有少部分车型使用单独的发动机或使用蓄电池作为动力源。

工作机构是为实现高空作业不同运动要求而设置的。要使装载工作人员和工具的工作平台从某一位置运动到空中任一位置，工作平台要能实现垂直方向和两个水平方向的运动。为实现三个方向的运动并保证平台运行过程中始终不发生倾斜，高空作业车设有变幅机构、伸缩机构、回转机构和调平机构。变幅机构也可被叫作俯仰机构，

高空作业车的变幅是指改变工作平台与回转中心轴线之间的距离，即幅度。高空作业车的变幅机构一般采用液压油缸推动工作臂改变工作臂和水平面夹角实现变幅。伸缩机构实现高空作业车相互套叠的工作臂的伸出或缩回，改变工作臂的长短。工作臂行驶状态缩在基本臂内，不影响高速行驶，工作时伸出达到所需长度。伸缩机构一般采用液压油缸配合钢丝绳滑轮组或链条链轮组的同步伸缩。回转机构是为实现高空作业车的回转运动而设置的机构。高空作业车的一部分（一般指上车部分或回转部分）相对于另一部分（一般指下车部分或非回转部分）做相对的旋转运动称为回转。国内高空作业车回转范围一般为全回转（回转360°以上）。调平机构是高空作业平台的专有机构，是用以实现工作臂变幅，工作臂和水平面夹角不断变化时，工作平台和地面夹角始终不变，保证工作人员没有倾覆危险。

高空作业车机械结构包括工作臂、回转平台、副车架（车架大梁，门架，支腿等）等。伸展结构是高空作业车的骨架。它承受高空作业车的自重以及作业时的各种外载荷。各工作机构的零部件都是安装或支承在这些结构上的。

液压和电气控制系统用于实现工作机构的运动，如动力传递的方向，机构运动速度快慢以及机构起停等。通过液压驱动和电气系统的控制，实现高空作业车各机构的起动、调

速、换向和停止，从而达到高空作业要求的各种动作。如图 3-1 所示。

二、设备构造与主要部件

高空作业车结构虽然不同，但构成基本相同，高空作业车通常由底盘、取力装置、工作机构、机械结构、控制系统几部分组成。各系统又由多个部件构成，其主要部件如图 3-2 所示及见表 3-1。

主要部件		表 3-1	
1	底盘	9	支腿结构
2	取力装置	10	转台结构
3	回转机构	11	臂架结构
4	变幅机构	12	平台结构
5	伸缩机构	13	围板及走台板
6	调平机构	14	液压系统
7	起升机构	15	电气系统
8	副车架		

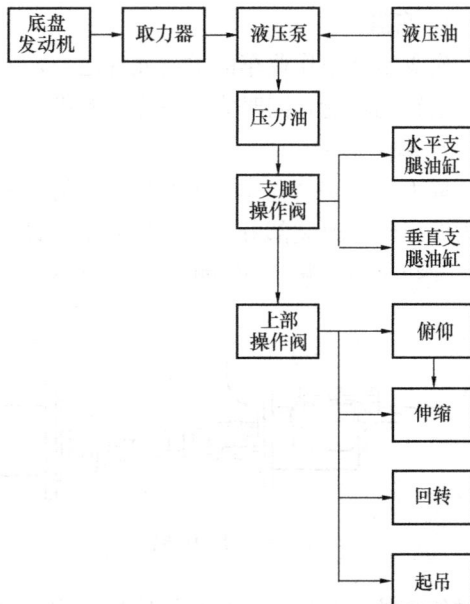

图 3-1 液压机电气控制系统的控制

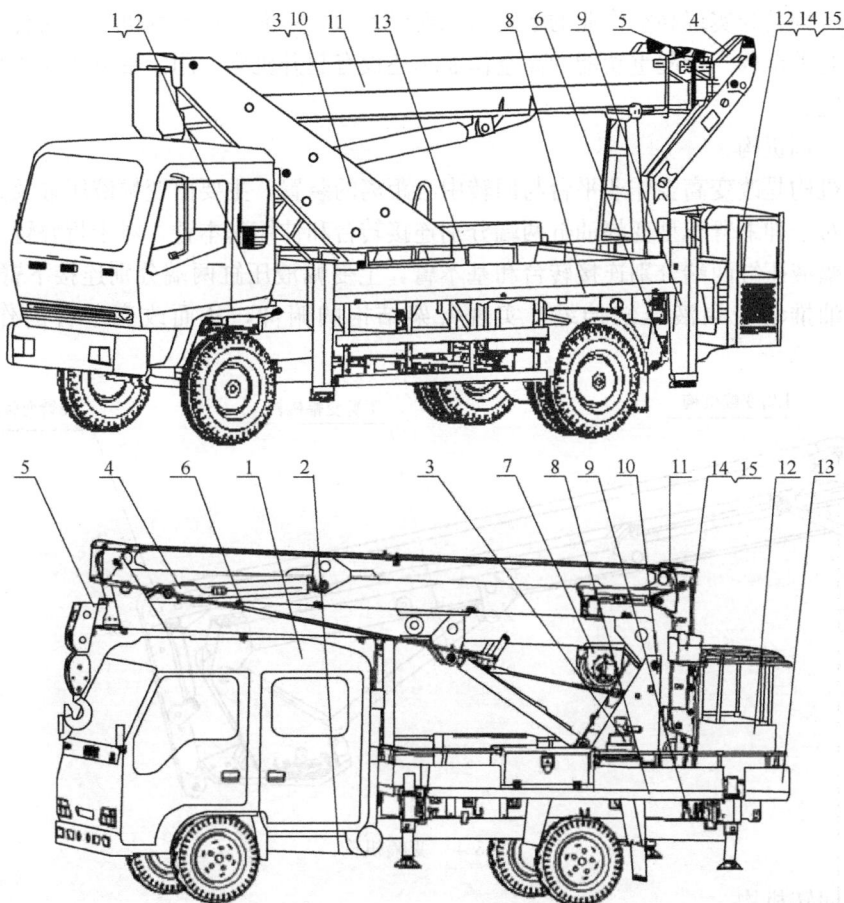

图 3-2 高空作业车结构

1. 底盘

底盘是高空作业车的关键元件之一，一般采用载重汽车的底盘。它可实现高空作业车的快速转场功能，同时为高空作业提供源动力。

2. 取力装置

取力装置是高空作业车的最重要的组成部分，其功能是将汽车底盘的动力取出，作为动力源提供给改装部分。高空作业车一般采用变速箱取力，即取力器安装在底盘变速箱专门设计的取力口上，取力器齿轮在工作时与变速箱内相应输出齿轮啮合，从而将动力取出。改装部分不工作时，取力器齿轮与变速箱输出齿轮应脱开，以避免不必要的功耗。推动取力器齿轮啮合或脱开的机构称为取力操纵机构。取力操纵包括气动操作和机械操作两种形式。取力方式还有发动机飞轮取力和分动箱取力。取力装置

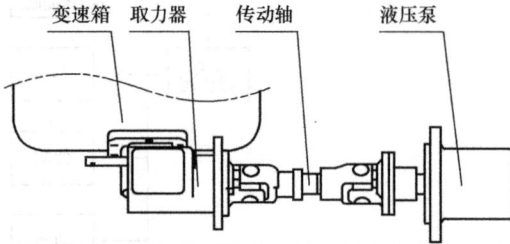

图 3-3 取力装置

通过传动轴或与液压油泵直接连接方式，将动力转化为液压动力（图 3-3）。

3. 工作机构

工作机构是为实现高空作业的运动需求而设置的，一般设有变幅机构、回转机构、伸缩机构、调平机构。带起重功能的高空作业车还设有起升机构。用于带电作业的车辆还具有绝缘装置。

（1）变幅机构

变幅机构是改变高空作业平台与回转中心距离的装置。主要由变幅液压缸及其连杆机构组成。对于伸缩臂车型变幅油缸两端分别连接转台和伸缩基本臂，对于折叠臂和混合臂车型下变幅液压缸两端分别连接转台和基本臂，上变幅液压缸两端分别连接下臂、上臂。通过液压油推动变幅液压缸伸缩，实现臂架结构的俯仰，从而改变平台的作业幅度（图 3-4）。

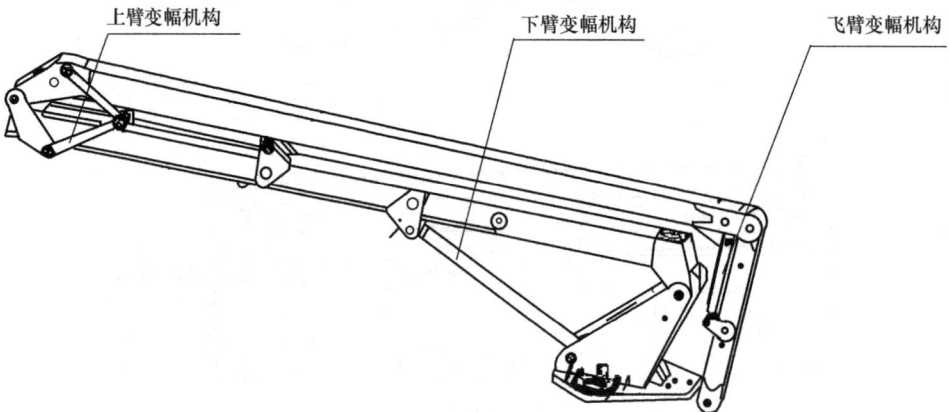

图 3-4 变幅机构

（2）回转机构

高空车的上车部分，相对于下车部分的相对旋转运动成为回转，为实现回转而设置的

机构成为回转机构。回转机构由液压马达、回转减速器、回转支承、中心回转接头、转台等组成，液压马达通过来自液压泵输出的压力油而转动，驱动减速器，减速器将液压马达的速度降低，输出扭矩至小齿轮，小齿轮驱动与之啮合的与下车连为一体的回转支承上的大齿轮，从而使转

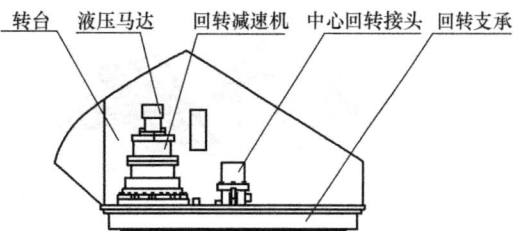

图 3-5　回转机构

台转动。中心接头的作用是传递液压动力及电控制信号，防止液压管线及电线缠绕扭结（图 3-5）。

（3）伸缩机构

伸缩机构是为实现臂架的伸缩，从而达到需求的臂架长度而设置的。一般包括伸缩油缸、伸缩臂架、伸缩链条（或伸缩钢丝绳）。伸缩油缸的缸筒和缸杆分别与伸缩臂的基本臂和第 2 节臂相连，第 3 节臂通过链条绕过固定在第 2 节臂上的滑轮与基本臂相连，形成一个动滑轮组，第 4 节臂通过链条绕过固定在第 3 节臂上的滑轮与第 2 节臂相连，形成另一个动滑轮组。当伸缩油缸在压力油的驱动下伸缩时，第 2 节臂在伸缩油缸的推动下伸缩，带动第 1 个动滑轮组带动第 3 节臂伸缩，继而第 2 个动滑轮组带动第 4 节臂伸缩，从而实现臂架的同步伸缩（图 3-6）。

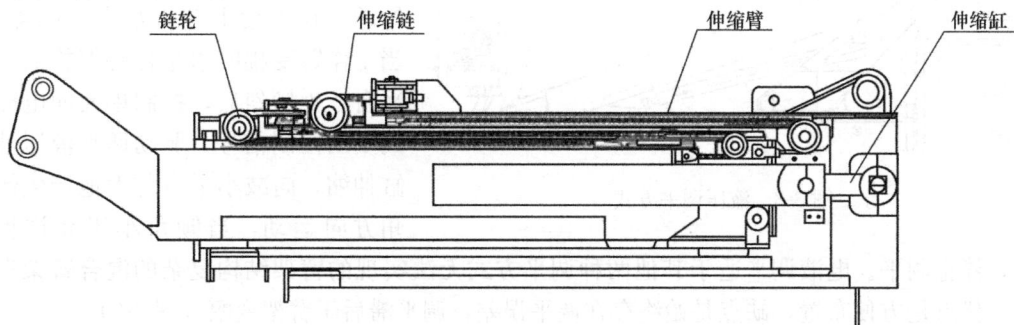

图 3-6　伸缩机构

（4）调平机构

调平机构的作用是保证工作臂变幅时，平台始终保持水平，以满足作业人员平稳站立。高空作业车通常采用以下三种平衡方式：机械调平、液压调平、电液调平。

1）机械调平方式（图 3-7）

机械调平方式是通过在转台和吊篮之间设置一个或多个平行四边形连杆机构、链条、钢丝等，利用平行四边形变形过程中对边始终平行的原理实现吊篮平衡。一般折叠臂臂架结构采用机械调平方式。机械调平具有结构简单，可靠性高的优点，缺点是尺寸较大，占用空间。

2）液压调平方式

液压调平方式是在转台与大臂、平台与大臂之间分别设置一个液压油缸，两油缸大腔与大腔相连通，小腔与小腔相连通，组成一个封闭系统；下侧油缸为主动缸，上侧油缸为从动缸，当大臂变幅时，主动缸伸缩，将液压油压入从动缸，由于两个平衡油缸的缸径和

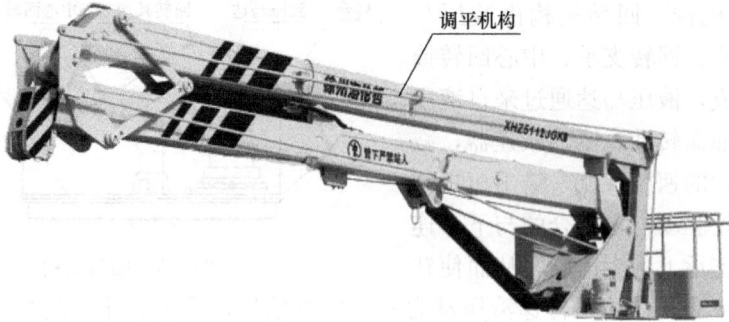

图 3-7 机械调平方式

杆径完全相同，所以当主动缸伸出或缩回一定长度时，从动缸缩回或伸出相同长度，这样就实现了臂架仰角变化后，平台变化相同的角度进行补偿，从而实现吊篮的平衡。液压调平方式适于作业高度不是太大的伸缩臂架车型。优点是安全可靠性高、调平负载能力大，缺点是由于该调平原理是近似相等，因此调平过程中存在误差，并且臂架内需要布置很长的连接油管（图 3-8）。

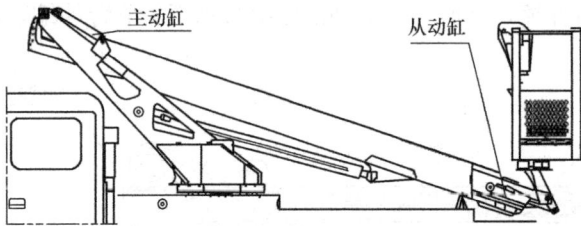

图 3-8 液压调平方式

3）电液调平方式

电液调平方式采用负反馈控制原理，在平台上装有水平传感器，当工作臂变幅时水平传感器检测到平台产生倾斜后，控制单元向电磁阀发出控制信号，驱动调平液压油缸伸缩，向减小平台与大地产生倾角方向运动，当倾角小于允许值

后，停止调平。电液调平适于其他两种调平方式无法实现的臂架结构复杂的混合臂架车型。优点是方便布置，缺点是始终存在调平误差，调平滞后于臂架变幅（图 3-9）。

（5）起升机构（图 3-10）

部分折叠臂车型配置起升机构，用于起吊重物。一般包括卷扬机、吊钩、起吊伸缩臂。

卷扬机：卷扬又称起升减速机或液压绞车，由液压马达驱动，外圈缠绕多层钢丝绳，通过钢丝绳输出牵引拉力。衡量卷扬性能的主要参数有单绳拉力、容绳量、制动力矩等。

吊钩：用于勾起起吊物品。

起吊伸缩臂：一般在下臂内部设置一可伸缩的起吊臂，用于增加起吊高度，但吊重负载能力相应减小。

（6）绝缘装置

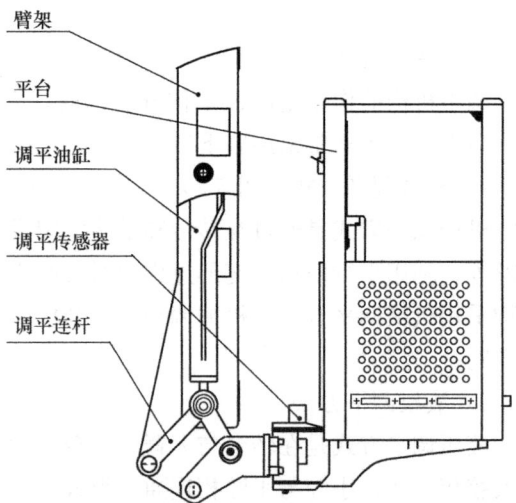

图 3-9 电液调平方式

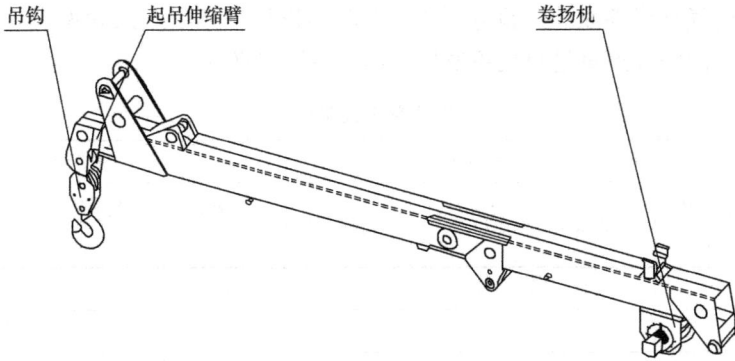

图 3-10 起升机构

高压带电作业通过绝缘臂高空作业车、绝缘护具以及绝缘工器具组合来实现对高压带电体的安全作业。绝缘臂高空作业车的绝缘装置包括：绝缘工作斗及其内衬（C）、上臂绝缘区域（A）、下臂绝缘区域（B）以及穿过绝缘臂的绝缘油管、光纤、气路等部件。其布置如图3-11 所示。

一般绝缘臂和工作外斗为玻璃钢材质，工作斗及内衬为聚乙烯材质，油管为树脂管。

上臂作为绝缘臂高空作业车的主绝缘，必须具有足够的有效绝缘长度，对于不同的电压等级具有相应的最小有效绝缘长度要求。参见表 3-2。

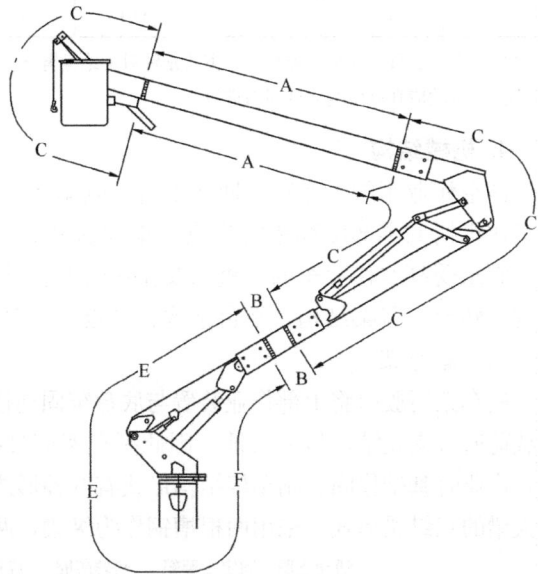

图 3-11 绝缘装置

上臂绝缘段最小有效绝缘长度   表 3-2

电压等级（kV）	10	35、63（66）	110	220	330
长 度（m）	1.0	1.5	2.0	3.0	3.8

用作主绝缘的工作平台一般应包括外绝缘平台和绝缘平台内衬，且限于 10kV 电压等级，其外表面的绝缘水平应符合表 3-3 的规定；试验过程中不应有击穿、闪络和严重过热现象发生（温升容限 10℃）。

用做主绝缘的绝缘平台外表面绝缘性能   表 3-3

额定电压（kV）	内外电极试验沿面间距（m）	1min 工频耐压试验电压（kV）			交流泄漏试验	
		型式试验	交接验收试验	预防性试验	试验电压（kV）	泄漏电流（μA）
10	0.4	100	50	45	20	≤200

绝缘臂的电气绝缘性能的试验电压和持续时间进行工频耐压试验见表 3-4。试验过程中不应有击穿、闪络和严重过热现象发生（温升容限 10℃）。

绝缘臂工频耐压 表 3-4

额定电压 /kV	1min 工频耐压试验电压/kV				交流泄漏试验		
	试验距离 L/m	型式试验	出厂试验	预防性试验	试验距离 L/m	试验电压/ kV	泄漏值/ μA
10	0.4	100	50	45	1.0	20	（1）安装前部件单独试验：≤200 （2）安装后整车部件试验：≤500
35	0.6	150	105	95	1.5	70	
63	0.7	175	141	105	1.5	105	
110	1.0	250	245	220	2.0	126	
220	1.8	450	440	440	3.0	252	

注 1：在折叠臂式高空作业车上，主要是针对主绝缘臂——上臂而言；

注 2：试验应在有效绝缘区间内进行。

4. 机械结构

高空作业车的工作臂、回转平台、副车架等金属结构是高空作业车的重要组成部分。各工作机构的零部件都是安装或支承在这些金属结构上的。金属结构是高空作业车的骨架。它承受高空作业车的自重以及作业时的各种外载荷。金属结构主要包括副车架、支腿结构、转台、臂架结构、平台结构、围板工具箱。

（1）副车架

副车架行驶时将上部作业装置与底盘牢固连接，高空作业时将上部作业装置所产生的全部载荷通过支腿结构传入大地。因此副车架应具有足够的强度和刚度，保证行车时连接牢固，作业时基础稳固。副车架结构形式有两种形式，一种是封闭箱型结构，一种类似汽车底盘大梁的双纵梁形式，采用两根槽钢作为纵梁，两根纵梁之间用横梁连接（图 3-12）。

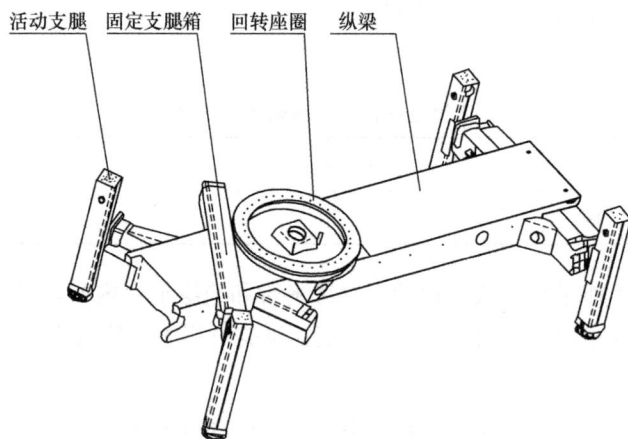

图 3-12　副车架

（2）支腿结构

一般车型在副车架前后两端设有支腿结构（少部分车型不设置支腿或仅有后支腿，使用底盘轮胎支撑），支腿结构由横向可水平伸缩的水平支腿、上下伸缩的垂直支腿以及水平和垂直支腿油缸做构成。水平伸出目的在于加大跨距，以满足作业稳定性；垂直支腿作业时用于撑起车体，使其胎托离地面。垂直支腿型式有 H 型、八字形和蛙腿型等形式，常用为 H 型（图 3-13）。

（3）转台结构

转台总成固定在回转支承上，在回转机构的驱动下带动与之相连的臂架结构进行回转（图 3-14）。

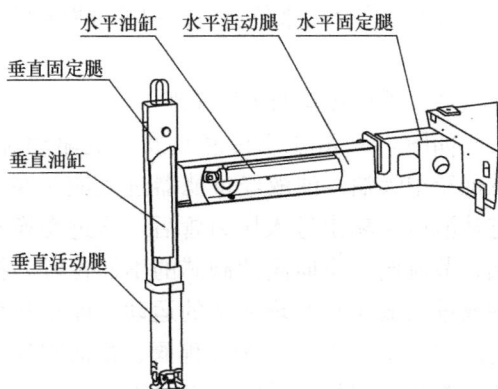

图 3-13　支腿结构

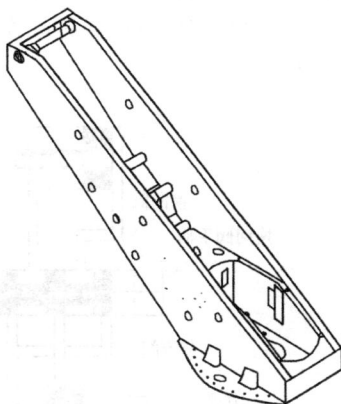

图 3-14　转台结构

（4）臂架结构

臂架结构前面已经介绍，不再赘述。

（5）平台结构

作业平台又称工作斗、吊篮，是作业车上在空中承载工作人员和使用器材的装置。为保证作业人员的安全，吊篮护栏高度至少为 1m，吊篮宽度不小于 450mm，内部面积不小于 $0.36m^2$，吊篮门宽度不小于 400mm。吊篮底板应是防滑表面（图 3-15）。

（6）围板工具箱

用于存放工器具，及满足行车防护（图 3-16）。

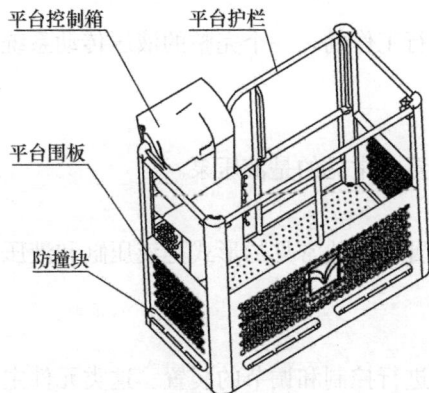

图 3-15　平台结构

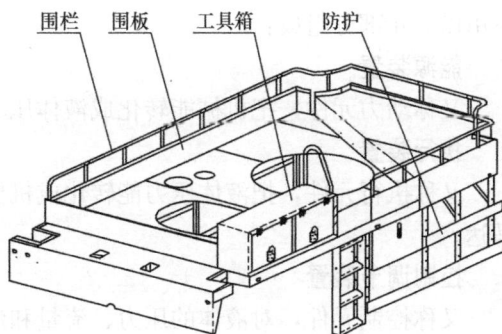

图 3-16　围板工具箱

5. 控制系统

控制系统则是解决各机构怎样运动的问题。如动力传递的方向，各机构运动速度的快慢，以及使机构突然停止等。控制系统包括操控装置和安全装置。通过电气系统对液压系统的驱动来实现。

（1）概述

高空作业车的液压系统是按照高空作业车工作装置和各个机构的传动要求，把各种液压元件用管路有机的连接起来的组合体。其功能是，以油液为工作介质，利用液压泵将发动机的机械能转变为液压能并进行传送，然后通过液压缸和液压马达等将液压能再转换为机械能，实现高空作业的各种动作。用液体油作为工作介质来传递能量和进行控制的传动方式称为液压传动。

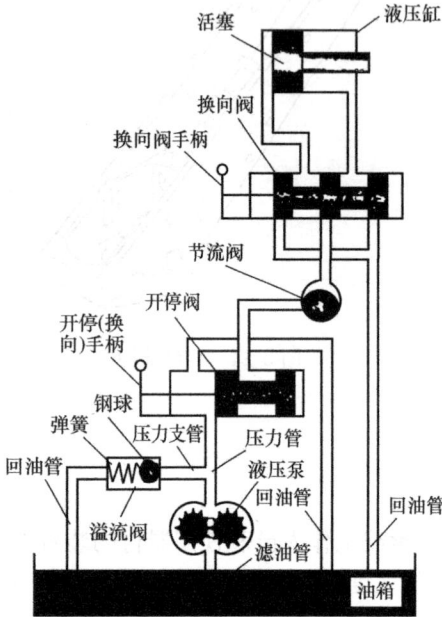

图 3-17　液压传动工作原理图

（2）液压传动的工作原理

如图 3-17 液压泵由底盘发动机驱动旋转，从油箱中吸油。油液经过滤器进入液压泵，当它从液压泵输出进入压力管后，通过变换开停阀、节流阀、换向阀的阀芯的不同位置，控制油液进入液压缸实现活塞的运动、停止和移动速度的变化。图 3-17 为开停阀、换向阀处于初始位置节流阀处于关闭状态。压力管中的油液将经溢流阀和回油管排回油箱，不输送到液压缸中去，活塞呈停止状态。

当换向阀和开停阀手柄左移，节流阀打开，压力管中的油液经过开关阀、节流阀和换向阀进入液压缸的右腔，推动活塞左移，并使液压缸左腔的油液经换向阀和回油管排回到油箱。

当开停阀手柄左移、换向阀右移后，压力管中的油液将经进开停阀、节流阀和换向阀进入液压缸的左腔，推动活塞向右移动，并使液压缸右腔的油液经换向阀和回油管排回到油箱。

由此可见，液压传动是以液体作为工作介质来进行工作的，一个完整的液压传动系统应由以下几部分组成：

能源装置

又称动力元件，把机械能转化成液体压力能的装置，常见的是液压泵。

执行装置

又称执行元件，把液体压力能转化成机械能的装置，一般常见的形式是液压缸和液压马达。

控制调节装置

又称控制元件，对液体的压力、流量和流动方向进行控制和调节的装置。这类元件主要包括各种控制阀或由各种阀构成的组合装置。这些元件的不同组合，组成了能完成不同功能的液压系统。

辅助装置

又称辅助元件，指以上三种组成部分以外的其他装置，如各种管接件、油管、油箱、过滤器、蓄能器、压力表等，起连接、输油、贮油、过滤、贮存压力能和测量等作用。

传动介质

能传递能量的液体，如各种液压油、乳化液等。

液压传动系统的表达符号

图 3-18 的液压系统图是一种半结构式的工作原理图。它直观性强，容易理解，但较难绘制。在实际工作中，除少数特殊情况外，一般都采用《流体传动系统及元件图形符号和回路图第 1 部分：用于常规用途和数据处理的图形符号》GB/T 786.1—2009 所规定的液压与气动图形符号绘制。

图形符号只表示元件的功能，不表示元件的具体结构和参数；只反映各元件在油路连接上的相互关系，不反映其空间安装位置；只反映静止位置或初始位置的工作状态，不反映其工作过程。故使用图形符号既可便于绘制，又可使液压系统简单明了。常用的液压元件图形符号如图 3-19 所示。

高空作业车液压系统及功能

高空作业车的液压系统主要包括：动力系统、上下车互锁系统、下车支腿控制系统和上车控制系统。

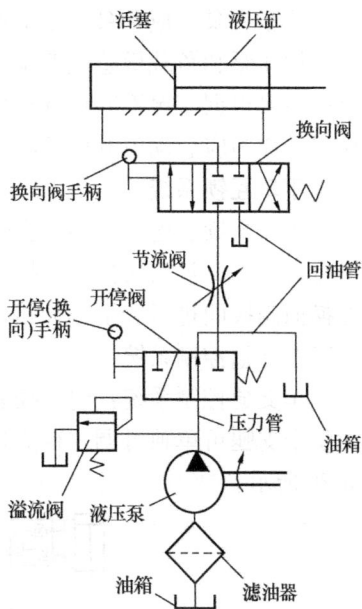

图 3-18　用液压图形符号
表示传动系统

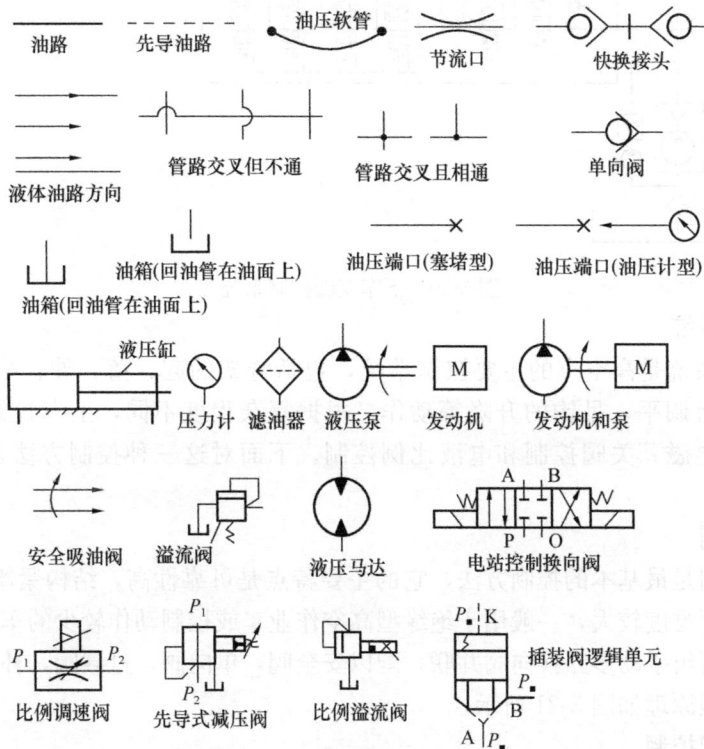

图 3-19　液压传动系统的图形符号

动力系统

主要指主泵和应急泵。主泵根据不同系统可选择齿轮泵、叶片泵柱塞泵（包括定量柱塞泵、恒压泵和负载敏感式变量柱塞泵）。部分车型采用多回路多泵系统。

应急泵根据工况不同可选择手动泵、电动泵或其他动力泵，主要起到当主泵不能正常工作时，作为应急动力源应急收车的作用。

上下车互锁系统

有手动互锁和电控互锁。手动互锁一般在支腿控制阀上叠加一片换向阀，通过操作手柄来进行上下车油路切换；电控互锁一般在泵出口油路上增加电磁换向阀，通过逻辑控制电磁换向阀换向进行上下车油路切换。

下车支腿控制系统

下车支腿控制系统：包括控制水平支腿伸缩和垂直支腿伸缩，一般采用手动多路阀控制，每个支腿可单独可调，智能化车若要求自动伸缩则采用电磁阀控制。一般控制原理如图 3-20 所示。

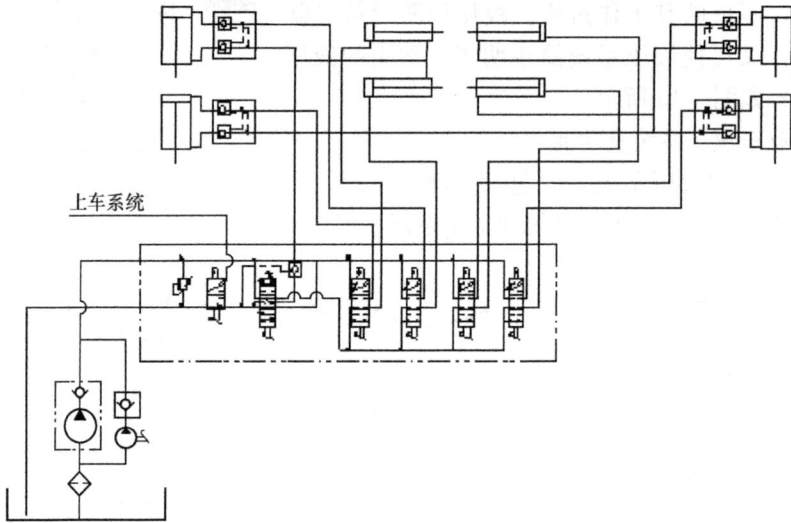

图 3-20　下车支腿控制系统

上车控制系统

上车控制系统是高空车的主要控制系统，包括臂架的起、落、伸、缩，转台回转、平台回转、平台调平、吊钩的升降等动作。根据复杂程度不同，上车控制系统可采用全液压控制、电磁开关阀控制和电液比例控制。下面对这三种控制方法及其特点进行简要介绍：

全液压控制

全液压控制是最基本的控制方法，它的主要特点是可靠性高，结构紧凑，操作直观，管路较多，布管难度较大，一般用于绝缘型高空作业车或控制动作较少的车型中。全液压控制一般采用两组手动多路换向阀并联，配以安全阀，单向阀，过载阀，补油阀等组合在一起构成。典型原理如图 3-21 所示。

电磁开关阀控制

电磁开关阀控制是采用普通电磁换向阀组成的回路，进行压力和方向的控制，其优点

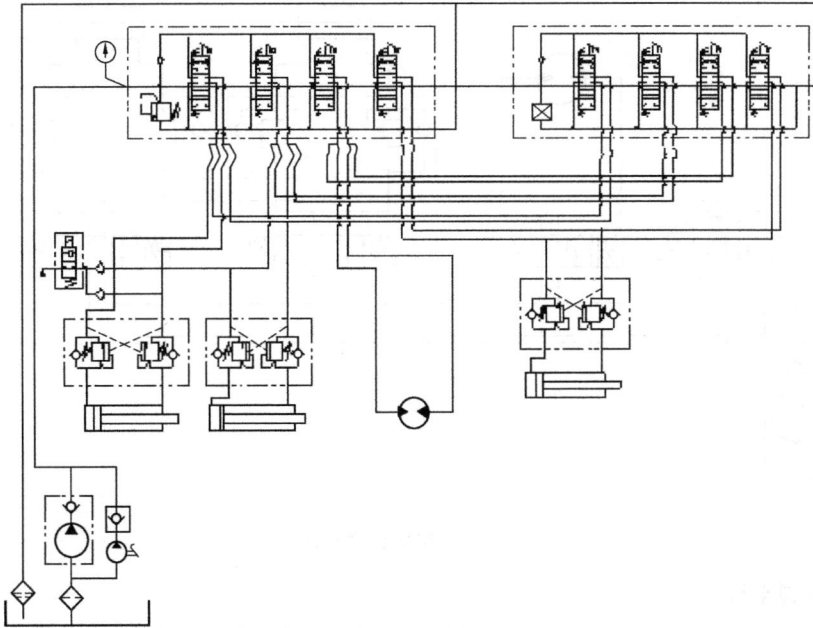

图 3-21 全液压控制系统

是结构简单，安装位置灵活，但由于普通换向阀是开关型方向阀，不能对流量进行控制，换向时冲击大，造成动作不稳，因此在高空作业车液压系统中很少采用。典型原理如图 3-22 所示。

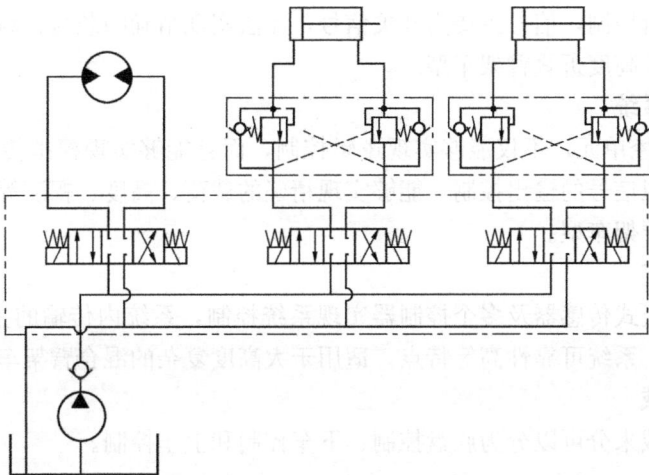

图 3-22 电磁开关阀控制系统

电液比例控制

电液比例控制通过调节流量，来控制各个动作的速度以保证动作的平稳性和微调性，流量调节可采用节流阀、比例流量阀、比例换向阀和负载敏感多路换向阀等。典型原理如图 3-23 所示。

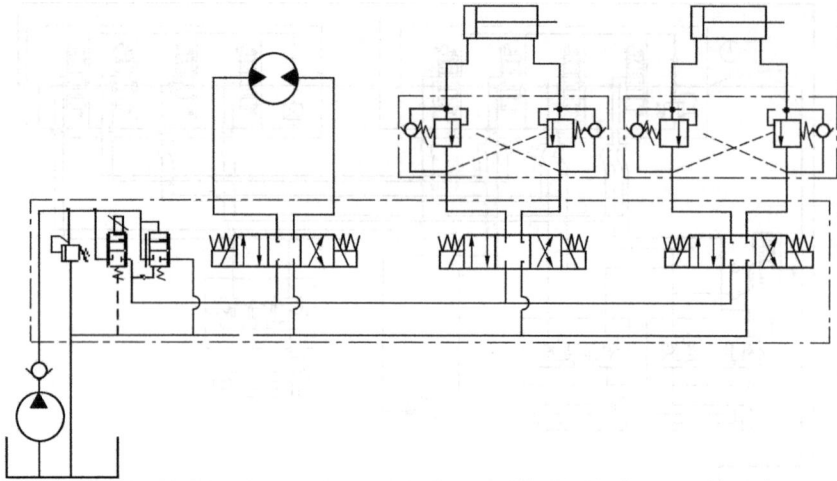

图 3-23　电液比例控制

电气控制系统

电气控制系统主要是通过对液压阀的流量、方向等控制，来实现将工作平台举升到指定位置的控制；此外还包括一些辅助的功能如照明、通信、安全位置检测等。

控制系统分类

按主控单元的构成

按主控单元的构成可以分成继电器控制系统、控制器控制系统、总线控制系统。

继电器控制系统

只能实现逻辑控制，信号主要为开关信号，无法实现精确的载荷、高度、幅度等安全限制。适用于中低高度折叠臂架车型。

控制器控制系统

以 PLC 为主控单元，不仅能够实现逻辑控制，而且能够实现模拟传感器信号的输入以及比例阀等模拟信号的输出控制，能够实现精确的载荷、高度、幅度等安全限制。适用于中低高度伸缩臂架车型。

总线控制系统

系统采用总线式传感器及多个控制器实现系统控制，系统内传输的主要为数字信号，具有信号无失真、系统可靠性高等特点。适用于大高度复杂的混合臂架车型。

按控制的区域

从控制的区域来分可以分为底盘控制、下车控制和上车控制。

底盘控制

底盘控制主要是对底盘的发动机启动、熄火和转速进行控制。对于底盘的启动和熄火，一般采用直接控制，即将控制开关并入或串入底盘预留的起动、熄火点。对于底盘转速的控制相对较为复杂，一般采用两种方法，一种是将定值电阻接入预留的转速接口，在控制底盘油门时先将油门输入由脚踏开关切换至转速接口，然后调节定值电阻，得到需要的转速，但这样只能对底盘转速实现一种速度控制；另一种方式是与底盘 ECU 通讯的方式，通过调节对底盘 ECU 输入的 PWM 信号的不同，获得不同的转速，这种方式的优点是可以根据需要，获得不同的底盘转速，且均为无级调速，但这种方法较为复杂，一般在对底盘油门控制要求较为精准的时候才会采用。

随着安全需求的越来越高，部分产品底盘控制还包括：驻车检测、取力检测、发动机状态监测、行车与取力互锁等。

控制

下车控制主要包括对支腿撑实后下车水平状态的检测和支腿状态的检测及操作。简单的包括垂直状态检测、工作臂初始状态检测、支腿警示灯及操作、侧标志灯、上下车电磁阀互锁操作和故障报警等。复杂的产品还包括支腿操作，水平与垂直支腿状态实时监测，底盘调平控制等。对于底盘和支腿状态的检测主要是为了上车更好的稳定工作。

上车控制

上车控制可以分成转台控制和平台控制两个部分。主要是对上车工作臂的操作，此外还有一些安全检测，包括工作臂变幅角度，工作臂回转角度，工作臂长度等检测，主要是起安全保护作用，防止超幅工作。

平台控制与转台控制的主要功能基本相同，均是操作高空作业车工作臂将工作平台送至指定位置；唯一不同的是转台控制的优先级高于平台控制，平台控制受转台控制的限制；并且主要的液压执行机构一般都放在转台。平台控制的操作通过电缆与转台的操作并接后与转台执行机构连接。

简单的上车操作是通过开关对液压电磁阀的直接操作，出于安全保护再额外增加一些简单的位置限制；复杂的上车操作是通过对工作臂的长度、变幅角度、回转角度等实时监测，通过控制器对工作臂的作业区域进行实时计算，从而限制安全工作区域，实现安全可靠的工作。

电气控制系统功能

电气控制系统主要实现以下功能：

照明：主要是工作警示和工作照明的作用。主要包括侧标志灯，尾灯，支腿警示灯，夜间工作照明灯；对于一些宽度超标 2.1m 的作业车还会增加前后示阔灯。

通信：高于 20m 的高空作业车需要加装上下车通讯装置，用来实现工作平台内的工作人员和地面工作人员的通讯。

检测：将检测到的信号接入操作系统内用来实现高空作业车的安全保护作用。简单的检测系统包括垂直支腿状态检测、工作臂初始位置和极限位置检测，使用的检测原件一般为开关量原件；复杂的检测系统还包括水平支腿状态检测、工作臂的回转角度检测、工作的变幅角度检测、工作臂的长度检测、工作平台的载重检测、工作臂的油压检测等，一般使用的检测原件为模拟量传感器或总线传感器。

安全控制：用来实现高空作业车具体动作的控制系统。一般包括底盘起动和熄火、底盘油门、上下车互锁控制，工作臂的伸缩、变幅和回转控制、紧急制动、工作平台的回转控制；复杂的产品还包括垂直、水平支腿的伸缩控制，底盘的调平控制，工作平台的调平等。

驱动：实现对电磁换向阀、比例阀等的驱动。

高空作业车常用电气元件及传感器：

　　高空作业车常用的操作电气元件有钮子开关、按钮开关、旋钮开关、比例手柄等；常用的执行电器元件有指示灯、蜂鸣器、照明灯、继电器和控制器等。

　　高空作业车常用的传感器包括开关量传感器、模拟量传感器和 CAN 总线三种。

　　行程开关和检测开关一般为开关量的传感器，一般应用与相对简单的有几点起构成的控制系统；长度传感器、角度传感器和油压传感器既有模拟量的也有 CAN 总线的一般应用于较为复杂的由控制器构成的控制系统。

第四章　工法与标准规范

第一节　施　工　工　法

一、工法的概念

2014 年 7 月 16 日，住房城乡建设部以建质〔2014〕103 号印发了修订后的《工程建设工法管理办法》。该办法中提出，工法是指以工程为对象，以工艺为核心，运用系统工程原理，把先进技术和科学管理结合起来，经过一定工程实践形成的综合配套的施工方法。工法分为房屋建筑工程、土木工程、工业安装工程三个类别。工法分为企业级、省（部）级和国家级，实施分级管理。国家级工法有效期为 8 年。

工法经过两项及以上工程实践应用，安全可靠，具有较高推广应用价值，经济效益和社会效益显著；工法遵循国家工程建设的方针、政策和强制性标准，符合国家建筑技术发展方向和节约资源、保护环境等要求；工法编写内容齐全完整，包括前言、特点、适用范围、工艺原理和应用实例等内容。

二、工法的特点

（1）工法具有针对性和实践性。工法的主要服务对象是工程建设，它来源于工程实践，是从工程实践中总结出具有良好经济效益和社会效益的先进施工技术、施工方法，并最终将其运用到新的工程实践中去，为工程建设服务。

工法的核心是工艺。在施工中用同样的材料、设备和管理，采用不同的施工技术，会得到不同效果。

（2）工法具有实用性、先进性和系统性。建筑工法是将科技成果的具体应用方法形成文件，作为以后同类工程施工的指导性文件，具有实用性。同时它与传统的施工技术相比具有先进性和科学性。工法有大小之分，可以是针对建筑群或单位工程的大系统，也可以是针对分部或分项工程这样的小系统，但无论大小，都必须是一个整体，具有系统性，系统工程原理方法同样适用于工法形成和管理。

（3）工法是技术与管理的有机结合。不能认为工法就是单纯的施工技术或施工方法。实际上工法是技术与管理相结合，是用系统原理总结出来的综合配套的施工技术，特别是一些大中型的工法，没有科学的组织管理是无法保证工法顺利的实施，或者实施以后达不到预期的效果。所以我们在编写工法、实施工法时，必须是技术与管理并重。

（4）工法是施工企业标准的重要组成部分，是企业自己编制或引进的通用性技术文件。但它不同于操作规程、工艺标准等企业标准；操作规程、工艺标准主要是操作者必须遵守的工艺程序、作业要点和质量标准，是施工员向作业班组作技术交底的内容；而工法是针对单位工程或分部分项工程综合配套的技术组织措施，是项目经理用作技术管理的内容。

三、工法的作用

工法对建筑施工企业具有以下重要作用：

（1）可作为组织施工和普及职工技术教育的工具性文件，有利于提高企业员工的业务素质，有利于企业内部施工技术的普及，有利于将新的科研成果转化为生产力，全面提高整个企业的技术素质、管理水平。

（2）在施工企业内部实行工法管理，有利于调动广大工程技术人员、管理人员开发和推广应用施工新技术的积极性，促进企业进行技术积累和技术跟踪，在企业内部形成施工技术和管理水平不断创新提高的良性循环，使企业的技术实力和管理水平在同行中保持领先水平。

（3）工法作为企业标准的重要组成部分，是企业技术水平和施工能力的重要标志，企业拥有工法数量越多，等级越高，企业的相应技术实力就越强，企业的竞争力就越强，易得到设计单位和业主的认可，并能提高企业的知名度。

（4）企业工法体系形成后，可大大简化施工组织设计和施工方案的编制组织设计中的主要工程项目的施工方案，可以采用已有的工法成果，工法可作为施工组织设计的标准模块，从而简化施工组织设计的编制工作。实施工法管理也便于施工组织、管理，便于监理和质量监督部门的监督。

第二节　产　品　标　准

一、标准化

标准化是为在一定的范围内获得最佳秩序，对实际的或潜在的问题制定共同的和重复使用的规则的活动。上述活动主要是包括制定、发布及实施标准的过程；标准化的重要意义是改进产品、过程和服务适用性，防止贸易壁垒，并促进技术合作。

分类与分级

根据《中华人民共和国标准化法》，工程建设标准分为以下四级：国家标准、行业标准、地方标准、企业标准。

对需要在全国范围内统一的技术要求，应当制定国家标准。国家标准由国务院标准化行政主管部门制定。

对没有国家标准而又需要在全国某个行业范围内统一的技术要求，可以制定行业标准。行业标准由国务院有关行政主管部门制定，并报国务院标准化行政主管部门备案，在公布国家标准之后，该项行业标准即行废止。

对没有国家标准和行政标准而又需要在省、自治区、直辖市范围内统一的工业产品的安全、卫生要求，可以制定地方标准。地方标准由省、自治区、直辖市标准化行政主管部门制定，并报国务院标准化行政主管部门和国务院有关行政主管部门备案，在公布国家标准或者行业标准之后，该项地方标准即行废止。

企业生产的产品没有国家标准和行业标准的，应当制定企业标准，作为组织生产的依据。企业的产品标准须报当地政府标准化行政主管部门和有关行政主管部门备案。已有国家标准或者行业标准的，国家鼓励企业制定严于国家标准或者行业标准的企业标准，在企业内部适用。

国家标准、行业标准分为强制性标准和推荐性标准。保障人体健康，人身、财产安全的标准和法律、行政法规规定强制执行的标准是强制性标准，其他标准是推荐性标准。强制性标准，必须执行。不符合强制性标准的产品，禁止生产、销售和进口。推荐性标准，国家鼓励企业自愿采用。

二、编写原则

标准编号由标准代号、发布标准的顺序号、发布标准的年号组成。同一类或同一领域标准的代号应统一。当标准中无强制性条文时，标准代号后应加"/T"表示。例如：某项有强制性条文的国家标准编号采用"GB 50×××—20××"表示，某项无强制性条文的国家标准编号采用"GB/T 50×××—20××"表示。

产品标准的编写应遵守《标准化工作导则》（GB/T 1.1—2009、GB/T 1.2—2009）、《标准编写规则》（GB/T 20001.1）和《标准化工作指南》（GB/T 20000.1～.8）规定。

三、产品标准体系

目前，全国升降工作平台标准化委员会负责全国升降工作平台标准化的技术归口工作，对口国际标准化组织升降工作平台技术委员会（ISO/TC 214），成立后的标准化委员会组织相关单位完成了《高空作业车》GB/T 9465—2008 等 7 项标准的制定，对高空作业车的定义、要求、试验方法、检验规则、标志、运输和贮存等做出了规定，由此初步形成我国高空作业机械产品标准体系。

第三节　工程建设标准

一、工程建设标准

工程建设标准是为在工程建设领域内获得最佳秩序，对各类建设工程的勘察、规划、设计、施工、验收、运行、管理、维护、加固、拆除等活动和结果需要协调统一的事项所制定的共同的、重复使用的技术依据和准则，它经协商一致并由公认机构审查批准，以科学技术和实践经验的综合成果为基础，以保证工程建设的安全、质量、环境和公众利益为核心，以促进最佳社会效益、经济效益、环境效益和最佳效率为目的。按照属性，工程建设国家标准、行业标准又分为强制性标准和推荐性标准。

标准、规范、规程是工程建设标准的三种表现形式，习惯上统称为标准。只有针对具体对象才加以区别。针对术语、符号、计量单位、制图等基础性要求时，一般采用"标准"；针对工程勘察、规划、设计、施工、验收等通用性要求时，通常采用"规范"；针对具体操作、工艺、施工流程等专用性要求时，一般采用"规程"。

国家标准只采用标准、规范两种表现形式。

《标准化法》第18条"工程建设的质量、安全、卫生标准及国家需要控制的其他工程建设标准"为强制性标准。

二、编写原则

工程建设标准的编写应遵守工程建设标准编写规定（建标〔2008〕182号）。强制性标准必须严格执行。

三、施工安全标准体系

2012年，住建部建筑施工安全标准化技术委员会发布建筑施工安全领域的标准体系，专业上囊括范围包括：房建施工、安全管理、加固改造、事故防治、脚手架与模板、施工机具与作业安全、标志标示、消防防护、安全检查、检验评估等。

体系在竖向上分为基础标准、通用标准、专用标准3个层次；横向上根据国际惯例对专门标准按如下门类分布：

建筑施工安全作业——主要是分部分项工程和重要部位的施工作业安全专用标准

建筑施工脚手架安全——主要对应脚手架施工作业体系

建筑施工模板安全——主要对应模板施工作业体系

建筑施工机械机具安装拆卸与使用安全——对应施工设备与机具的使用安全

建筑施工安全评价——对应安全管理工作评价与检查

检验评估专用标准——对应工地安全检查、评价、检验、评估类业务

施工现场消防防护与标志标示类——对应消防安全、个人防护用具、标志标示使用

建筑施工安全教育——对应人员岗位培训、设备作业训练安全、作业工法与标准培训、作业实训装备与软件系统应用等

第四节　施工安全常用规范

一、安全生产管理规范

《建筑施工企业安全生产管理规范》GB 50656—2011第12.0.5条的规定，明确要求高处作业施工安全技术措施必须列入施工组织设计，同时明确了所应包括的主要内容。对于专业性较强、结构复杂、危险性较大的项目或采用新结构、新材料、新工艺或特殊结构的高处作业，强调要求编制专项方案，以及专项方案必须经相关管理人员审批。

二、高处作业安全技术规范

《建筑施工现场高处作业安全技术规范》JGJ 80的主要内容有：总则、术语和符号、基本规定、临边与洞口作业、攀登与悬空作业、操作平台、交叉作业、建筑施工安全网及有关附录，共计8章3个附录。该标准注意到了近几年移动式升降工作平台发展速度很快，使用也较为方便。提出移动式升降平台不仅要符合现行国家标准的要求，在其使用过程中还要严格按该平台使用说明书操作。

2015版本与1991版规范相比，增加了术语和符号章节；将临边和洞口作业中对护栏的要求归纳、整理，统一对其构造进行规定；在攀登与悬空作业章节中，增加屋面和外墙

作业时的安全防护要求；将操作平台和交叉作业章节分开为操作平台和交叉作业两个章节，分别对其提出了要求；对移动操作平台、落地式操作平台与悬挑式操作平台分别作出了规定；增加了建筑施工安全网章节，并对安全网设置进行了具体规定。鼓励使用和推广标准化、定型化产品的安全防护设施。

三、机械化施工现场常用安全标准

《安全色》GB 2893

《安全标志及其使用导则》GB 2894

《道路交通标志和标线》GB 5768

《消防安全标志》GB 13495

《消防安全标志设置要求》GB 15630

《消防应急照明和疏散指示标志》GB 17945

《建筑施工安全技术统一规范》GB 50870—2013

《建筑工程施工现场标志设置技术规程》JGJ 348

《建筑机械使用安全技术规程》JGJ 33

《施工现场机械设备检查技术规程》JGJ 160

《建设工程施工现场环境与卫生标准》JGJ 146

《建筑施工高处作业安全技术规程》JGJ 80

《建筑施工起重吊装工程安全技术规范》JGJ 276

《建筑拆除工程安全技术规范》JGJ 147

《建筑施工安全检查标准》JGJ 59

《建筑起重机械安全评估技术规程》JGJ/T 189

《建筑施工升降设备设施检验标准》JGJ 305

以上，《建筑机械使用安全技术规程》、《施工现场机械设备检查技术规程》、《建筑施工升降设备设施检验标准》等对高空作业机械使用、日常检查、检验等做了具体规定，读者可做延伸阅读，以充实作业现场标准知识。

学员和教师在施工现场还需注意出入施工现场遵守安全规定，认知标志，保障安全。均应注意学习施工现场安全管理规定、设备与自我防护知识、成品保护知识、临近作业、交叉作业安全规定等；尤其是要了解和认知施工现场安全常识、现场标志，遵守相关标准及规程的安全规定。

第五节 《移动式升降工作平台 安全规则、检查、维护和操作》国家标准

一、一般要求

《移动式升降工作平台 安全规则、检查、维护和操作》国家标准标准号为 GB/T 27548—2011，本标准的内容应同时辅以良好的作业管理、安全控制以及安全、培训、检查、维护、使用和操作要求，标准规范的资料内容都应考虑设备的使用参数和预期环境。

对于直接控制高空作业车的人员其使用和操作应严格符合安全使用的要求，高空作业车主要用于载人，人的安全与使用是至关重要的。

任何高空作业车的任何操作均有风险，只有通过用心、细致地操作及掌握安全知识才能进行有效防范。因此，培训有能力且细心的人员来使用该设备，并且进行设备的安全操作、维护和保养是至关重要的。

二、高空作业车维护

1. 常规检查

高空作业车的常规检查应根据制造商说明进行，但应考虑下列情况：

（1）保管权变更时需要进行该检查，除非常规检查和年检近期刚完成；

（2）若设备闲置超过 3 个月，再次使用前应进行该检查，除非由于环境因素需要在 3 个月内进行该检查。

常规检查应由该设备具有检查资质的人员进行，检查内容应包括所有制造商规定的常规检查项目，包含但不限于：

（1）速度、平稳性、动作限制的所有功能控制；

（2）在底盘或地面上的控制功能，包括优先于其他的控制设备；

（3）链条和钢丝绳机构，调整、更换磨损或破损的部件；

（4）所有应急和安全装置；

（5）所有运动部件的润滑情况，按照制造商要求检查滤件、液压油、机油和冷却液；

（6）所有结构件及其他关键部件，如紧固件、销、轴、回转支承连接螺栓和锁紧装置等；

（7）设备上的说明、警示和控制标识；

（8）液压或气动系统，观察有无变质或渗漏；

（9）电气系统，看有无损坏、老化、灰尘或水汽聚集的现象；

（10）制造商列举的附件项目。

2. 设备年检周期与日常开机前的检查

高空作业车年检距上次年检不应超过 13 个月。年检人员应具有该型号设备检查的资质，年检内容应包括制造商列出的所有事项。

日常开机前的检查内容不限于：

（1）操作盒应急控制；

（2）安全装置；

（3）人员防护装置；

（4）气动、液压及燃料系统泄漏；

（5）电缆和线束；

（6）部件松动、损坏或缺失；

（7）轮胎、车轮和车轮紧固件；

（8）设备使用说明、警示、控制标识和操作手册；

（9）包括稳定器在内的结构件；

（10）工作平台（包括护栏、地板、安全锁定装置和连接支架）；

（11）制造商列出的其他项。

3. 维护与修理安全防范

（1）切断动力源，让设备处于不能启动状态；

（2）所有控制装置都应处于"关闭"状态，避免操作系统意外启动；

（3）如有可能，将工作平台降至最低位置，否则，应保证工作平台不能下落；

（4）松开或卸下液压元件前，液压管路中的液压油压力需要释放；

（5）安全支杆或安全插销按制造商要求安装在合适位置。

三、高空作业车操作要求

1. 操作前注意事项

（1）了解要执行的任务；

（2）为执行该任务选择合适的高空作业车；

（3）明确预期目标和熟知各控制设施的功能；

（4）经过管理员授权；

（5）理解制造商的操作使用说明和安全操作规程，或者接受资质人员按制造商提供的操作说明和安全操作规程所做的培训；

（6）通过阅读或资质人员的解释，了解高空作业车上所有的标识、警告和说明；

（7）各种环境中（包含高空作业车操作环境）使用合适的人员安全防护装置。

2. 工作场所检查并识别和排除危险因素

使用高空作业车前或在其使用过程中，应检查工作场所可能存在的危害，包括但不限于：

（1）边缘或坑洞；

（2）斜坡；

（3）点、地面障碍和电缆；

（4）碎屑；

（5）顶部障碍物和带电导体；

（6）危险位置；

（7）工作区域内，不能承受高空作业车地面压力的表面；

（8）风和天气情况；

（9）现场人员情况；

（10）其他可能的不安全因素。

3. 操作中注意事项

高空作业车操作前，操作人员应确保符合下列要求：

（1）按照制造商要求使用支腿、伸缩轴等稳定器或其他增加稳定性的方法；

（2）护栏、入门口或开门按照制造商要求关闭或者处于合适的位置；

（3）工作平台和平台延伸上的载荷及分布符合制造商规定的额定载荷及分布；

（4）高空作业车上所有人员都应使用合适的人员保护装置以及制造商或管理员根据具体工作和环境条件规定的其他防护措施；

（5）必要时使用人员防坠落的保护装置。

4. 了解危险场所及对操作人员的警示和说明

操作人员应了解高空作业车在易燃易爆气体或粉尘环境中工作的限制。作业全程应关注工地指挥、周边环境、设备自身和作业对象对操作人员的任何警示和说明，包括并不限于如下：

（1）操作人员应遵守高空作业车安全使用的警示和说明，理解并遵守；

（2）不应超过制造商规定的坡度、斜坡、台阶或拱形地面上操作；

（3）应按制造商要求使用支腿、伸缩轴等稳定器或其他稳定性的方法，并锁入相应位置；

（4）护栏应安装并固定，入门口或开口应关闭或按制造商要求设置在适当位置；

（5）工作平台的载荷及分布应符合制造商规定的额定载荷及分布；

（6）应确保头部距离障碍物有足够的间隙；

（7）触电危险的防护；

（8）高空作业车工作时，人员应在高空作业车底板上保持稳定立足，禁止乘员踩踏工作平台踢脚板、中部栏杆或顶部围栏，禁止在工作平台上使用厚板、梯子或其他设备来增加或延伸高度；

（9）预防其他移动设备；

（10）操作过程中出现任何安全问题或故障，操作人员都应马上报告给管理员；

（11）操作人员应及时向监督员或管理员报告一些操作过程中发现的潜在危险点；

（12）禁止高空作业车在未经许可和有潜在易燃易爆气体或粉尘等标记的危险区域进行操作；

（13）应采取防护措施预防高空作业车内钢丝绳、电缆及软管等的缠绕；

（14）任何高度下，高空作业车转移载荷时，载荷不应超过额定值；

（15）高空作业车下降前，操作人员应确保周围没有人员和设备；

（16）往油箱加油时要关掉发动机，加油应在通风较好、无火焰、火星或其他可能会引起火灾或爆炸危险的地方进行；

（17）蓄电池应在通风良好，无火焰、火星或其他可能会引起火灾或爆炸危险的地方进行充电；

（18）高空作业车不应通过靠、捆、栓的方式固定在另一个物体上来保持其稳定；

（19）未经制造商或资质人员特殊许可，高空作业车不应作为起重机使用；

（20）未经制造商或资质人员书面许可，不应将高空作业车用在卡车、拖车、有轨车、浮船、脚手架或其他类似设备上；

（21）高空作业车的行走要严格遵守要求；

（22）禁止表演性操作、鲁莽操作；

（23）高空作业车禁止不被授权人使用；

（24）安全装置不应被变动，且确保其有效；

（25）应配备应急操作装置；

（26）人员离开或进入升高的高空作业车时，应遵守制造商的指示和说明；

（27）运送工具和物料应确保安全和均匀；

（28）禁止在工作平台外运送物料；

（29）操作人员不应允许超过制造商规定的手动操作力和/或特殊力；

（30）未经管理员授权，不应将高空作业车交由任何其他人使用；

（31）非制造商允许，不应将高空作业车吊臂和/或工作平台当作千斤顶将轮子顶离地面；

（32）当高空作业车工作区域顶部有移动障碍物时，应采取措施防止与高空作业车发生碰撞。

第六节　《移动式升降工作平台　操作人员培训》国家标准

一、一般要求

《移动式升降工作平台 操作人员培训》国家标准标准号为 GB/T 27549—2011，本标准在培训要求和操作人员授权上有如下要求：

（1）只有经过适当培训和授权的人员才能操作高空作业车；

（2）高空作业车的管理员负责培训操作人员、监督操作人员受训或证明操作人员按照本标准接受过培训。

二、培训项目

1. 基本培训内容

应按照下列内容对操作人员进行培训：

（1）选择一台适当的高空作业车；

（2）操作人员使用手册、警告和操作指示、管理员制定的安全规则；

（3）开机前检查；

（4）影响稳定性因素；

（5）常见危险及其规避；

（6）工作场所的检查；

（7）高空作业车所有控制的用途和功能的常识，包括应急控制；

（8）适用于任务、工作场所和环境的人员保护装置的使用；

（9）安全运行；

（10）运输（如果适用）；

（11）确保高空作业车避免未经许可的使用；

（12）有故障高空作业车的使用；

（13）高空作业车的实际操作。

2. 操作人员岗前应熟悉的内容

在被授权操作指定的高空作业之前，操作人员应由资质人员指导，熟悉以下内容：

（1）制造商警告和说明；

（2）指定高空作业车相应控制功能；

（3）指定高空作业车的所有安全装置功能。

三、培训管理

1. 一般要求

（1）培训师应是具有认可的学历、证书、专业身份，或有相关的知识，经过设备制造商、行业教育机构组织的专业培训且经验丰富的人，能有效证明其有能力解决有关事项、工作或项目上遇到的难题的人；

（2）受训人员应向考评人员展示理论知识和实际操作的熟练度以证明其能力；

（3）保存记录；

（4）应保留受训人员高空作业车的操作记录，且：

1）应向合格的受训人员颁发符合本标准的培训合格证明；

2）应反映培训的有效期；

3）档案记录中应包括提供培训和再培训机构的名称、培训师和考评员姓名，明确培训所涵盖高空作业车的形式和培训日期；

4）至少在培训有效期内，应保留这些记录。

应保证操作人员接受培训或再培训以保持其处于能胜任的水平。下列情况需要再培训，但不限于此：

（1）培训的有效期满；

（2）技能下降；

（3）长时间内未操作高空作业车；

（4）高空作业车新技术。

应确保操作人员被考核/再考核，以评估其能力水平。下列情况需进行考核/再考核，但不限于此：

（1）培训或再培训后；

（2）培训的有效期满。

应对培训、考核和记录保存进行定期审查，以确保维持可接受的水平。

2. 安全考核重点指标

《移动式升降工作平台 操作人员培训》GB/T 27549—2011 在考评内容上对涉及安全指标的如下：

（1）熟悉主要的危险：倾翻（风、地面条件、工作斗载荷）坠落、碰撞等；

（2）熟悉触电风险降到最低的规则；

（3）熟悉如何确定载荷限制；

（4）熟悉驾驶、行驶和泊车规则以及防止未经授权的使用；

（5）熟悉如何根据额定载荷、工作高度和工作条件选择高空作业车；

（6）熟悉稳定性和使用规则；

（7）熟悉安全装置和需要进行的一般检查和维护；

（8）熟悉与应急控制相关联的指令和运动；

（9）熟悉手册、标识和标牌的内容及使用；

（10）熟悉如何进行开机前的检查；

（11）熟悉如何进行工作场地检查。

第七节 《移动式升降工作平台设计计算、
安全要求和测试方法》国家标准

一、安全操作使用要求

《移动式升降工作平台设计计算、安全要求和测试方法》GB 25849—2010，本标准在使用说明中对操作指导有明确要求：

（1）移动式升降工作平台的特性描述以及适用场合；

（2）地面所需的承载强度；

（3）所有正常控制，紧急下降和任何急停设备的位置、目的和使用；

（4）工作平台的超载禁令；

（5）不得作为起重机使用的禁令；

（6）遵守国家交通规则；

（7）与电力导体保持距离；

（8）避免与固定物体（如建筑物等）和运动物体（如车辆、起重机等）的碰撞；

（9）禁止使用额外设备（如梯子）增加移动式升降工作平台的工作高度；

（10）禁止将增加移动式升降工作平台风力载荷的任何附加物（如广告牌），环境限制；

（11）关于振动的信息；

（12）关于机器安全情况，重要的日常检查（漏油、电气固定/连接松动、软管/电缆擦破、轮胎/制动/电池的情况、碰撞损伤、操作指导牌变得模糊、特殊安全装置等）；

（13）可移动护栏的安装；

（14）起升时禁止出入工作平台；

（15）工作平台起升时行走注意事项。

二、检查或测试要求

（1）根据操作情况和使用频度进行定期检查或测试；

（2）定期检查或测试的内容，如：

1）对结构的目测检查，尤其注意承载零部件和焊接点的腐蚀和其他损坏；

2）机械、液压、气动和电气系统的检查尤其注意安全装置；

3）测试证明制动和/或超载装置的有效性；

4）功能测试。

（3）定期检查或测试的频度和程度的建议也可以参照国家的相关规定。

定期检查一般不必拆除零部件；除非怀疑与可靠性和安全有关。罩壳的移动、观察窗的暴露和将移动式升降工作平台缩回运输状态不认为属于拆卸。

三、使用维护信息要求

（1）关于移动式升降工作平台的技术信息，包括电气/液压/气动回路图。

（2）要求经常注意检查的部件（润滑油、液压油位置和状况，电池等）。

（3）以特定周期检查安全特征包括安全装置、载荷承受机构、应急装置、任何急停设备。

（4）保证维修维护安全的措施。

（5）检查任何危害的变化（腐蚀、裂纹、磨损等）。

（6）检查频度和方法以及零部件维修更换的标准：

1）钢丝绳驱动系统，如果检测到任一钢丝绳的磨损已达《起重机、钢丝绳、保养、维护、安装、检验和报废》GB/T 5972 的标准，应更换；

2）链条驱动系统，如果检测到任一根链条的磨损已达链条制造商的极限，应更换；

3）有必要的其他元器件（如预期寿命）。

（7）仅使用制造商允许的替换零部件，尤其载荷承受机构和安全相关的元器件。

（8）任何影响稳定性、强度和性能的改动，必须获得制造商的许可。

（9）需要调整的零部件，包括具体的设置情况。

（10）维修后的任何必需的测试/检查以确保安全工作状态。

四、其他要求

（1）在场地使用移动式升降工作平台零部件紧固的特殊措施；

（2）装载到其他车辆的方法以便于在使用场地之间运输，包括起吊点、质量、重心等；

（3）室内或室外定期储存的预先注意事项；

（4）定期储存和暴露于恶劣环境后的使用前检查——热、冷、潮湿和灰尘等；

（5）投放市场前检查；

（6）首次使用、长期储存后使用或环境情况变化（冬天、夏天、地理位置变动等）后对动力供应、液压油、润滑等的检查。

第八节　《高空作业车》GB/T 9465—2008 国家标准

一、标准概况

《高空作业车》GB/T 9465—2008 代替《高空作业车分类》GB/T 9465.1—1988、《高空作业车技术条件》GB/T 9465.2—1988 和《高空作业车试验方法》GB/T 9465.3—1988。标准规定了高空作业车的术语和定义、分类、技术要求、试验方法、检验规则、标志、包装、运输和贮存等。适用于最大作业高度不大于 100m 的高空作业车。标准不适用于高空消防车、高空救援车。本标准由中国机械工业联合会提出。由北京建筑机械化研究院归口。

本标准起草单位：北京建筑机械化研究院、杭州爱知车辆工程有限公司、杭州赛奇高空作业机械有限公司、徐州海伦哲专用车辆有限公司、北京京城重工机械有限责任公司。本标准主要起草人：张华、陈继军、陈建平、张秀伟、白日、张海云、张梅嘉。

本标准所代替标准的历次版本发布情况为：GB/T 9465.1—1988、GB/T 9465.2—

1988、GB/T 9465.3—1988。

二、技术变化

本标准与 GB/T 9465.1～9465.3 三个标准相比主要变化如下：

最大作业高度改为 100m，并提出不适用产品的范围；

增加了额定载荷系列 2000、3000、4000、5000kg；

增加了型号中绝缘型高空作业车的标记；

增加了高空作业车工作条件；

结构安全系数、平台的升降速度、回转速度参照 ISO 16368：2003 国际标准的要求；

增加了高空作业车调平机构要求；

增加了绝缘性能的试验方法。

三、技术要求

1. 基本参数

作业车的基本参数系列见表 4-1。

基 本 参 数　　　　　　　　　　　　　　　　　　　　表 4-1

项　　目	参　　数
最大作业高度 （m）	6、8、10、12、14、16、18、20、25、32、35、40、45、50、55、60、65、70、80、90、100
额定载荷 （kg）	125、136、160、200、250、320、400、500、630、800、1000、2000、3000、4000、5000

2. 整车要求

作业车应按经规定程序批准的产品图样和技术文件制造。外购件、外协件应有制造厂的合格证，否则应按相关标准的规定经检验合格后方能使用。所有自制零部件经检验合格后方可装配。作业车的外廓尺寸、轴荷及质量限值应符合《道路车辆外廓尺寸、轴荷及质量限值》GB 1589 的规定。作业车外部照片和信号装置、制动距离、噪声及发动机排放应符合《机动车运行安全技术条件》GB 7258 的规定；作业车作业噪声限值应符合《建筑机械与设备　噪声限值》JG/T 5079.1 的规定。最大作业高度大于或等于 20m 的作业车应备有上下联系的对讲设备。

3. 制造装配质量

液压、气动系统的管线应排列整齐、合理、连接紧密牢固，各元件和组件一般应可单独拆装，并维修方便；作业车无相对运动部位，不应有漏油、漏水、漏气现象，在连续作业过程中，各相对运动的部件，不应漏油现象；作业车应设置安全警示标志；作业车的标牌、标志应安装牢固、端正、醒目、清晰。

4. 工作条件

（1）地面应坚实平整，作业过程中地面不应下陷；

（2）环境温度为 −25～+40℃；

（3）风速不超过 12.5m/s；

（4）海拔高度不超过 1000m；

（5）环境相对温度不大于 90%（25℃）。

5. 稳定性

水平面上稳定性——在坚固的水平地面上，外伸支腿固定作业车，平台承载 1.5 倍的额定载荷，升降机构伸展到整车处于稳定性最不利的状态，作业车应稳定。

斜面上稳定性——作业车在特定的形式下使用时，平台承载 1.25 倍的额定载荷，整车置于易倾翻方向坡度为 5° 的斜面上，允许外伸支腿调整，作业车应稳定。

作业稳定性——作业车在坚固的水平地面上，支腿外伸，平台承载额定载荷，伸展机构伸展到整车稳定性最不利状态时紧急制动，任一个支腿不应离地。

6. 液压系统

液压系统的设计、制造、安装等应符合《液压系统通用技术条件》GB/T 3766 的有关规定。液压系统元件应符合 GB/T 7935 的有关规定。液压系统压油工作 1.5h 后，清洁度应符合《建筑机械与设备用油液固体污染清洁度分级》JG/T 5035 中 19/16 的等级规定。

7. 工作平台

工作平台尺寸应符合以下规定：工作平台四周应有护栏或其他防护结构，高度应不小于 1100mm 并应设有中间横杆。踢脚板高度应不小于 150mm，人员进出口处应不小于 100mm。工作平台宽度应不小于 450mm，单人工作平台最小面积应不小于 0.36m²。工作平台的任何水平截面的外形尺寸应为：承载 1 人的不超过 0.6m²，且任一边不大于 0.85m；承载 2 人的不超过 1.0m²，且任一边不大于 1.4m。超过此规定应加装载荷传感器，当达到许可倾翻力矩时，应发出视觉警告，并阻止减少倾翻力矩外的其他进一步运动。护栏结构应能承受沿水平方面作用在顶部栏杆或中间横杆上 360N/m 的载荷，顶部栏杆或中间横杆在两支杆之间应能承受垂直方向的 1300N 的集中载荷，护栏终端支杆能承受 900N 来自各方向对杆顶端的静集中载荷。工作平台的工作表面应能防滑和自排水。进入工作平台可设置梯子，梯子的踏面应防滑。工作平台可设置出入门，门不得向外开，也可用栏杆、挡链或其他设施代替，宽度应不小于 350mm。梯子应与出入门对齐。工作平台应备有系安全带或绳索的结点。工作平台上应醒目地注明作业车额定载荷和承载人数。

8. 安全装置

伸展机构由单独的钢丝绳或链条实现传动时，系统应有断绳安全保护装置。作业车采用液压式或气动式支腿和伸展机构时，应设有防止液压和气动管路发生故障时回缩的安全保护装置。作业车应装有指示装置（例如倾斜开关或水平仪）以指明底盘倾斜是否在制造商的许可范围内。此指示装置应受保护，以免损坏和意外的设置更改。对于无支腿可行走行业的作业车当达到倾斜极限时，工作平台上应有声光报警信号。对于用稳定器来调平的作业车，底备用倾斜指示器（例如水平仪）在每个稳定器的控制点应该都能清楚地看见。作业车应装有急停开关，该开关可在应急时有效地切断所有动力系统，并置于操作者易于操作的地方。作业车应在地面人员易接近的位置安装应急辅助装置（如手动泵，第二动力源，重力下降阀）以确保在主动力源失效时，工作平台可以返回到一个位置，在此位置可无危险离开，包括必要的移动平台离开障碍物。如果作业车配备了可安全到达工作平台的其他方法（如安装了梯子），上述装置可不设置。作业车上各动作的终点位置应设有限位装置。

9. 作业性能

作业车的各机构应保证平台起升、下降时动作平衡、准确，无爬行、振颤、冲击及驱动功率异常增大等现象。平台的起升，下降速度应不大于 0.4m/s。带有回转机构的作业车最大回转速度不大于 2r/min，起动、回转、制动应平稳、准确，无抖动、晃动现象，在行驶状态时，回转部分不应产生相对运动。作业车在行驶状态下，支腿收放机构应确保各支腿可靠地固定在作业车上，支腿最大位移量应不大于 5mm。作业车的伸展机构及驱动控制系统应安全可靠，平台在额定载荷下起升时应能在任意位置可靠制动，制动后 15min，平台下沉量应不超过该工况工作平台高度的 0.5%。作业车空载时最大平台高度误差应不大于公称值的 0.4%。支腿纵、横向跨距误差应不大于公称值的 1%。作业车前、后桥的负荷应符合 GB 1589 的要求。具有伸展性能的平台，应在说明书中对伸展时所允许的载荷值和相应的工作条件做出明确规定。作业车的调平机构应保证工作平台在任一工作位置均处于水平状态下，工作平台底面与水平面的夹角应不大于 5°，调平过程必须平稳、可靠，不得出现振颤、冲击、打滑等现象。采用钢丝绳调平的作业车，滑轮的直径应不小于钢丝绳直径的 12 倍，且滑轮应有防止钢丝绳脱槽的装置。由单根钢丝绳或链条传动的绳链的安全系数应不小于 5；由双根绳链传动的安全系数应不小于 9。采用液压缸调平的作业车，应设有防止油管破裂而使平台倾翻的装置。

10. 操纵系统

在地面操作的应急辅助装置，应有明显标记。装备有上、下两套控制装置的工作平台应有互锁装置，上控制装置应设在工作平台上，下控制装置应具有上控制装置的功能，并应设有能超越上控制的装置。工作平台运动的控制手柄松开时应能自动复位，并且操作方向与控制的功能运动方向一致。下控制装置应设置在操作者能够清楚地看到伸展过程全貌的地方。各操作动作不应相互干扰和引起误操作，操作应轻便灵活、准确可靠。

第五章 作业指导书（工法）案例

第一节 作业指导书

一、作业指导书的概念

作业指导书（Working Instruction）是指为保证过程的质量而制订的程序，是作业指导者对作业者进行标准作业的正确指导的基准，是随着作业的流程顺序，对作业内容、人员和设备机具配置、安全风险控制、品质服务、检查复核的要点进行明示；作业者按照指导书进行作业，能够确实、快速、安全地完成作业。定义中的"过程"可理解为一组相关的具体作业活动（如：安装、电气调试、装配、完成某项培训等）。

作业指导书也是一种程序，其针对的对象是具体的作业活动，而程序文件描述的对象是某项系统性的质量活动。作业指导书有时也称为工作指导令或操作规范、操作规程、工作指引等。

作业指导书的作用有二：指导保证过程质量的最基础的文件和为开展纯技术性质量活动提供指导。同时是质量体系程序文件的支持性文件。

按内容可分为：

（1）用于施工、操作、检验、安装等具体过程的作业指导书；

（2）用于指导具体管理工作的各种工作细则、导则、计划和规章制度等；

（3）用于指导自动化程度高而操作相对独立的标准操作规范。

二、基本内容

常用的作业指导书应包含以下内容：①编制目的。②编制依据。③适用范围。④作业前的准备工作。⑤作业方案。⑥技术要求及措施。⑦人员组织要求。⑧安全质量保证措施。⑨环境保护措施。

三、编制和使用作业指导书的基本要求

（1）内容应满足—5W1H原则

任何作业指导书都需用不同的方式表达出：Where：即在哪里使用此作业指导书；Who：什么样的人使用该作业指导书；What：此项作业的名称及内容是什么；Why：此项作业的目的是干什么；when：何时做；How：如何按步骤完成作业。

（2）"最好，最实际"原则

采用最科学、最有效的方法；具有良好的可操作性和良好的综合效果。

第二节 电网高空作业车检修作业指导书摘要

一、概要内容

以 DL 409 电业安全工作规程（电力线路部分）、国家电网公司输电、配电、变电检修作业防高空坠落安全防护规则等为文件基础，总结了高空作业车操作作业指导书，形成了相关作业指引。适用输电、配电、变电检修作业过程。

工法主要技术内容为：①适用范围；②作业准备（人员、机具与设备）；③工作流程、质量标准及质量安全控制措施；④安全、环保措施。

二、人员配备（表 5-1）

表 5-1

序号	人员分工	人数	资质要求	精神状态检查
1	工作负责人	1	通过单位"三种人"考试合格，具备登高证、电工证	
2	驾驶员	1	通过单位"安规"人考试合格，具备特种作业车辆驾驶证及本单位准驾证	工作人员精神状态是否良好
3	高空作业操作人员	1	通过单位"安规"考试合格，具备登高证、电工证、特种作业车辆操作证	

三、工器具（表 5-2）

表 5-2

序号	类别	名 称	规格	单位	数量
1	安全工器具	安全围栏		米	
		路锥		个	
		高空作业车		台	
		吊物绳		根	
2	个人安全防护用品	全身是双保险安全带		条	
		安全帽		顶	
		急救药包		包	
		工作服		套	
		绝缘工作鞋		双	

四、安全风险及预控措施（表5-3）

表 5-3

序号	危险点（危害）	风险	存在风险的活动描述	防 范 措 施
1	凹凸不平的路面	坠落	1. 车辆如要停靠在斜坡面上； 2. 车辆不垫块滑动而松动	1. 车辆如要停靠在斜坡面上时，坡度不得超过5°； 2. 车辆在坡面停稳后，要利用垫块保证车身前后、左右处于水平状态，进行作业时，应保证车辆不应垫块滑动而松动
2	高空坠物	打击	1. 高空作业过程中，高空人员往杆上吊工器具、材料，绳索绑不紧或者绑绳的方法不正确； 2. 高空作业人员使用的材料、工器具放不稳、抓不牢； 3. 高空人员所使用的工器具掉下； 4. 高空车臂活动范围下有人逗留	1. 高空车上工器具使用工具袋存放； 2. 材料等要固定好； 3. 使用绳索传递物品； 4. 戴安全帽； 5. 高空车臂下方严禁有人逗留
3	有附挂物的电杆	碰撞	杆塔上附挂的通信线、光缆、广告牌等	1. 定期巡视、及时发现清除和整理附挂在杆塔上的违规设置物体； 2. 遇有障碍物，应放慢升降斗臂速度； 3. 必要时使用高空车代替； 4. 使用防坠落保护措施，高空作业过程，不等失去安全带的保护
4	穿越带电的低压线	触电	1. 穿越高低压导线同杆架设低压裸线； 2. 穿越当地居民在高压杆上乱搭低压裸线； 3. 穿越路灯裸线； 4. 松开的扎线松开太长，触碰带电低压裸线； 5. 监护不到位	1. 斗臂升空前、确认低压线是否带电； 2. 戴手套、穿工作服，不能确认低压线是否带电时，应采取有效的绝缘隔离措施，禁止穿越、接近和接触

五、作业流程

作业流程如图 5-1 所示。

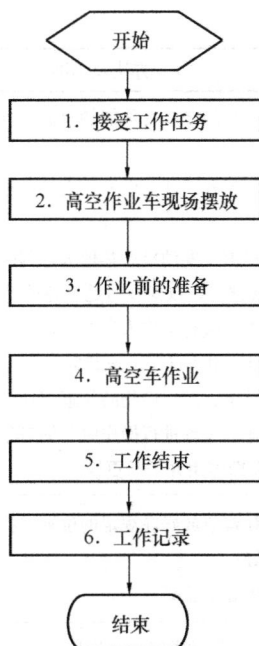

图 5-1 作业流程图

六、作业项目、方法及标准（表 5-4）

表 5-4

序号	项目或流程	方法及标准	风险说明
1	接受工作任务	1. 接受工作任务：进行现场勘察，制定检修方案和安全措施； 2. 班前会：交代工作任务；检查工作人员的精神状态是否良好。工作班成员做好危险点分析与控制； 3. 工具材料准备：按照工具表和材料表要求准备工具、安全工用具及材料	
2	高空作业车现场摆放	1. 高空车尽量选择既水平又牢固的地方且靠近作业点的地点摆放； 2. 高空车工作前必须拉上手制动，放置支腿，将车身支起，并使各支腿受力均匀，支腿要尽量放到底。应先放后支腿，再放前支腿。收腿过程相反； 3. 车辆如要停靠在斜坡面上时，坡度不得超过 5°；车辆在坡面停稳后，要利用垫块保证车身前后、左右处于水平状态，进行作业时，应保证车辆不应垫块滑动而松动	车辆倾翻 高空坠物
3	作业前的准备	1. 高空车作业前，应将取力器处于取力位置； 2. 高空车操作人员应在预定位置空斗试操作一次，确定液压传动、回转、升降、伸缩系统工作正常、操作灵活，制动装置可靠。严禁高空绝缘作业车各工作部件带病运行； 3. 高空车作业前，应将高空绝缘作业车可靠接地； 4. 高空车作业前，绝缘臂应装置泄漏电流检测仪。每次使用前，应按照作业对象的电压等级伸出相应长度的绝缘臂，将绝缘斗与带电体接触 1 分钟，检测计检测到的泄漏电流不得超过 500 微安； 5. 10kV 绝缘臂伸出的有效长度为 1.0m	

续表

序号	项目或流程	方法及标准	风险说明
4	高空车作业	1. 作业过程中，斗臂车的金属有可能触及低压导线时，应停低压电或用绝缘护罩隔离措施； 2. 高空车使用中严禁超载，其斗内所载重量和小吊臂吊起的重量之和应符合说明书中规定的重量； 3. 高空车在使用过程中，发动机严禁熄火；驾驶员不得随意离开驾驶室，应随时注意发动机的运转情况，以便及时处理各种异常情况； 4. 绝缘斗臂车下操作把载有工作人员的斗臂送到距离带电体 2m 时，或者在工作转移过程中，严禁使用斗臂车加速装置； 5. 严禁将烟火以及易燃、腐蚀性物品靠近工作斗； 6. 在使用液压工具辅助装置进行操作时，绝对不允许液压管扭曲、折弯。如果液压管有裂纹，应立即停用并予与更换	
5	作业结束	1. 工作结束后，斗和臂应放好在规定的位置并扣好； 2. 将支腿按规定收好； 3. 将取力器与发动机处于脱离	

特别说明：本教材中的所给出的指导书案例只作参考之用，实际工作岗位上应特别注意掌握从业单位经过批准的岗位作业指导书、标准规范及其最新版本，以保障安全

第三节　10kV 高空作业绝缘车带电作业指导书摘要

一、适用范围

该作业指导书参考国家电力公司 1997 年《带电作业操作导则》和《带电作业技术管理制度》整理，主要针对采用绝缘斗臂车（高空作业绝缘车）带电对 10kV 配电线路新立水泥杆的作业、带电作业项目的操作程序及作业方法进行控制，保证 10kV 带电作业的作业质量及作业人员人身安全。适用于海拔高度为 1000m 及以下的地区。海拔超过 1000m 时，每增高 100m，安全距离按 1％的修正系数进行修正。

《电业安全工作规程（电力线路部分）》DL 409

《电气装置安装工程 35kV 及以下配电线路施工及验收规范》GB 50173

《带电作业用遮蔽罩》GB/T 12168

《带电作业用绝缘绳索》GB/ 13035

《带电作业用绝缘杆通用技术条件》GB 13398

《带电作业用绝缘手套通用技术条件》GB 17622

《带电作业用绝缘斗臂车的保养维护及在使用中的试验》DL/T 854

《起重机安全规程》GB 6061

《带电作业用绝缘鞋（靴）通用技术条件》DL/T 676

《带电作业用绝缘毯》DL/T 803

《带电作业用绝缘袖套通用技术条件》DL 778

《配电线路带电作业技术导则》GB/ 18857

《电工术语 带电作业》GB/T 2900.55

《带电作业术语》GB/T 14286

二、常见术语

带电作业：对高压电气设备及设施进行不停电的作业。

绝缘手套作业：作业人员通过绝缘手套和其他绝缘器材进行电气防护而对带电部分进行直接接触所进行的作业。

绝缘手套：用合成橡胶或塑料制成，用来防止工作人员手部触电。

绝缘斗臂车：在汽车上安装有起重升降绝缘臂，臂上带有一个或两个绝缘吊斗，用于把操作人员送到带电作业操作位置。

安全距离：在满足安全的条件下，带电作业所需的最短绝缘距离。

带电作业工具：指用于带电作业的工具、机械和设备等。

危险点：指根据作业内容、作业方法、作业环境、人员状况、设备实际等去分析、查找可能导致人为失误事故的危险因素。即：在作业过程中可能发生事故的地点、部位、场所、工器具或行为等。

三、人员与专业组成

作业人员共 14 人：工作负责人（安全监护人）1 人；工作斗电工 2 人；地面电工 10 人；起重吊车司机 1 人。

四、主要工器具（表 5-5）

表 5-5

序号	工 具 名 称	规格或尺	单 位	数 量
1	10kV 绝缘斗臂车		辆	1
2	起重吊车		辆	1
3	绝缘绳	16mm	付	6
4	绝缘滑车	1.5kN	付	1
5	绝缘防护服		套	2
6	绝缘手套		套	2
7	羊皮手套		套	2
8	护目眼镜		付	2
9	安全带		付	2
10	绝缘安全帽		顶	2
11	安全帽		顶	12
12	绝缘扎线剪		付	1
13	绝缘子遮蔽罩		块	3
14	导线遮蔽罩、绝缘毯		块	18
15	横担遮蔽罩		块	1
16	绝缘电杆包毯	8m	卷	2
17	便携式绝缘测试仪	RST2000	台	1

五、安全管控

1. 危险点分析及控制措施（表5-6）

表 5-6

危险点	控 制 措 施	控 制 人
高空坠落	1. 作业人员在作业过程中正确使用安全帽，斗内电工必须使用安全带，作业不得失去安全带的保护； 2. 绝缘斗臂车的操作不正确或失控、速度过快、停放位置不当、绝缘斗臂伸出不够	斗内电工
人身触电	1. 与调度联系，申请停用重合闸装置； 2. 立杆时吊车的吊臂、电杆对导线接地； 3. 绑扎线时，带电体时对接地体接地，或相间短路； 4. 使用合格的绝缘工具、个人防护用具； 5. 勘察现场，针对现场特点，拟定作业现场可靠的安全措施； 6. 作业中遇天气变化危及安全时，应停止工作，恢复设备正常状态，或采取安全措施	工作负责人 吊车操作员 斗内电工 工作负责人 工作负责人 工作负责人

2. 其他安全注意事项

（1）作业环境的要求

1）作业应在良好的天气下进行，风力大于五级以上大风、大雪、浓雾时不得进行作业。

2）在特殊情况下，若必须在恶劣气候下带电抢修，工作负责人应针对现场气象和工作条件，组织有关人员充分讨论，制定可靠的安全措施，经领导审核批准后方可进行。

（2）安全距离的要求

1）斗内电工操作时必须保证身体的各个部位始终与带电体保持 0.4m 以上的安全距离。绝缘承力工具、绝缘绳索有效绝缘长度不小于 0.4m，带电体与接地部分保持 0.4m 以上。

2）斗臂车的金属臂在仰起、回转运动中，与带电体间的安全距离不得小于 1m。

3）斗内作业电工在操作时对作业过程中人体可能触及的范围内（0.6m）区域的所有带电体，接地部分采取可靠的绝缘遮蔽措施。

（3）带电作业用工具及防护用具的要求

1）带电作业用绝缘工具在运输过程中，应装在专用工具袋内，严防受潮、脏污和损伤。

2）带电作业用绝缘工具在使用前，必须用干燥清洁的毛巾将其表面擦干净，使用便携式绝缘检测仪检测绝缘工具，合格后方能使用。对绝缘手套、绝缘鞋、绝缘衣裤、绝缘遮蔽罩、绝缘毯等进行检查，无针孔、裂纹、沙眼。

3）工作人员应戴清洁、干燥的手套，不得赤手接触绝缘工具。绝缘工具在作业现场检测、摆放时始终置于防潮帆布上。

4）作业现场工作人员应戴安全帽，工作斗内作业电工必须穿戴齐备安全防护用具（绝缘安全帽，护目镜、绝缘服、绝缘手套，保护手套，绝缘鞋），防止短路或弧光伤人。

（4）绝缘斗臂车的要求

1）应根据地形地貌，将斗臂车定位于最适于作业位置，斗臂车应良好接地，作业人员进入工作斗应系好安全带，要充分注意周边电信和高低压线路及其他障碍物，选定绝缘斗的升降回转路径，平稳地操作。

2）绝缘斗臂车在使用前应认真检查其表面状况，若绝缘臂、绝缘斗表面存在明显脏污，可采用清洁毛巾或棉纱擦拭，清洁完毕后应在正常工作环境下置放 15min 以上，斗臂车在使用前应空斗试操作 1 次，确认液压传动、回转、升降、伸缩系统工作正常，操作灵活，制动装置可靠。

3）斗内电工能熟练操作绝缘斗臂车，斗臂车的升降速度不应大于 0.5m/s，绝缘伸缩臂的伸出长度一定要大于 0.4m，防止斗臂车倾倒、撞击其他物体。严禁用绝缘斗台升导线或作吊车用吊装设备，防止绝缘臂折断。严格控制绝缘斗的荷载，严禁超载。操作时应严格按照操作规程操作，操作人员必须听从指挥，互相配合。

4）在工作过程中，斗臂车的发动机不得熄火，工作负责人应通过泄漏电流监测警报仪实时监测泄漏电流是否小于规定值。

（5）其他要求

1）作业现场工作人员应戴安全帽，戴护目镜，斗内作业电工必须穿戴齐备安全防护用具（绝缘安全帽，护目镜、绝缘服，绝缘手套，保护手套，绝缘鞋）、必须使用安全带。

2）安装绝缘遮蔽罩或绝缘毯时，斗内电工应该先从距离身体最近的带电部分开始，按照由近至远、由低到高、由大到小的原则安装，拆除时相反。而且两相邻的绝缘遮蔽罩或绝缘毯应有 15cm 以上的重叠部分，并用绝缘夹紧固。

3）对电杆起立过程中可能触及导线的水泥杆部分及导线都要求采取绝缘遮蔽措施。吊车吊臂与导线应该保持适当的安全距离。

4）在查明线路上确实无短路、接地、绝缘良好、线路上无人工作，才能开展立杆工作。

5）在绑扎线时，扎线的展放长度不得大于 0.1m，并尽量避开接地端。一相作业完成后，应迅速对其进行绝缘遮蔽，然后再对另一相开展作业。

6）作业时导线下方不准有人逗留设置遮拦或警告标志，地面电工传递工具和材料时应在导线下方外侧或内侧。

7）放下或起吊工具时，斗内电工应与地面人员紧密配合，避免碰触导线及其附件。

8）起重吊车工作人员要听从工作负责人的统一指挥。

六、操作步骤

1. 作业前的准备

（1）工作前与调度联系，要求停用该线路两端的重合闸，在接到调度许可命令后，作业人员方可进入工作现场。

（2）工作负责人组织现场作业人员列队宣读工作票，向工作班成员交代安全措施、技术措施和讲解作业方案、危险点，并明确分工后，宣布开始工作。

（3）根据杆上电气设备布置和作业项目，将绝缘斗臂车定位于最适于作业的位置，打好接地桩，连上接地线。

（4）注意避开邻近的高低压线路及各类障碍物，选定绝缘斗臂车的升起方向和路径。

（5）布置工作现场，在绝缘斗臂车和工具摆放位置四周围上安全护栏和作业标志。

（6）斗内电工检查绝缘防护用具；穿上绝缘靴、绝缘手套、绝缘安全帽、绝缘服（披肩）等全套绝缘防护用具，同时地面电工检查、摇绝缘作业工具，工作负责人检查两侧导线。

（7）斗内电工携带作业工具和遮蔽用具进入工作斗，工具和遮蔽用具应分类放置在斗中和工具袋中，作业人员要系好安全带。

（8）在工作斗上升途中，对可能触及范围内的低压带电部件也需进行绝缘遮蔽。

（9）工作斗定位于便于作业的位置后，首先对离身体最近的边相导线安装导线遮蔽罩，套入的遮蔽罩的开口要翻向下方，用绝缘夹夹紧以防脱落。

（10）按照从近到远、从大到小、从低到高的原则，采用以上同样遮蔽方式，分别对三相导线均必须安全遮蔽。

（11）两边线采用绝缘绳向外拉开，并派专人看守。

2. 带电新立水泥杆

（1）起重吊车进入工作位置，将电杆吊出放到地面。吊装好后，地面电工安装好新立的电杆的横担、绝缘子等设备，并安装好横担遮蔽罩和绝缘子遮蔽罩。绝缘子采用绝缘子遮蔽罩对边相绝缘子进行绝缘遮蔽，杆顶安装绝缘毯遮蔽在横担上部，横担下部可能碰触导线的水泥杆用绝缘电杆包毯进行绝缘遮蔽。绝缘包毯遮蔽的长度要进行计算，以新立电杆时电杆的裸露部分不破到带电导线为准。对电杆的要注意导线遮蔽罩与绝缘子遮蔽罩有15cm的重叠部分，必要时用绝缘夹夹紧以防脱落。

（2）起重吊车将水泥杆吊全开挖好的杆位。地面电工与起重吊车操作员配合，把水泥杆立在杆位上并固定好。

（3）工作斗内电工移开中相导线遮蔽罩及电杆上中相绝缘子遮蔽罩，将中相导线固定在电杆中相瓷瓶上，用扎线将导线固定在绝缘子上后，将中相绝缘子和中相导线恢复绝缘遮蔽。

（4）用上述方法，将两边相导线逐相安装在两边相绝缘子上。

（5）对于垂直排列的导线，从上台至下台的方式对导线进行固定。

（6）全部作业完成后，工作斗内电工由远至近依次拆除横担遮蔽罩、绝缘子遮蔽罩、导线遮蔽罩等所有绝缘子、遮蔽工具，拆除时注意身体与带电部件保持安全距离。

（7）检查完毕后，移动工作斗至低压带电导线附近，拆除低压带电部件上的遮蔽罩。

（8）工作斗返回地面，清理工具和现场，地面电工收绳，清点工具，检查现场，工作结束。

3. 工作终结

（1）办理工作终结手续；

（2）填写带电作业记录。

七、作业流程（图5-2）

特别说明：本教材中的所给出的指导书案例只作参考之用，实际工作岗位上应特别注意掌握从业单位经过批准的岗位作业指导书、标准规范及其最新版本，以保障安全。

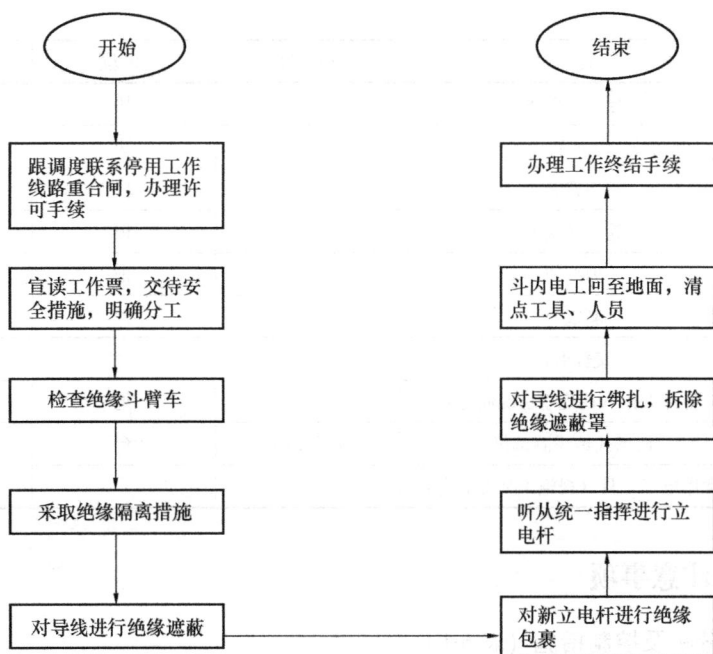

图 5-2　10kV 绝缘斗臂车带电新立水泥杆作业流程图

第四节　10kV 采用绝缘斗臂车带电断、接引流线作业指导书摘要

一、人员组合

作业人员共 5 人：工作负责人（安全监护人）1 人；工作斗电工 2 人；地面电工 1 人；高空作业车司机 1 人。

二、主要工器具（表 5-7）

表 5-7

序号	工 具 名 称	规格或尺寸	单 位	数 量
1	10kV 绝缘斗臂车		辆	1
2	绝缘防护服		套	2
3	绝缘手套		套	2
4	羊皮手套		套	2
5	护目眼镜		付	2
6	安全带		付	2
7	绝缘安全帽		顶	2
8	绝缘扎线剪		付	1
9	绝缘子遮蔽罩		块	3

续表

序号	工 具 名 称	规格或尺寸	单 位	数 量
10	导线遮蔽罩		块	6
11	绝缘毯（视现场情况而定）		块	8
12	横担遮蔽罩		块	1
13	绝缘传递绳		根	1
14	剪线钳		把	1
15	剥线钳		把	1
16	安普射枪		把	1
17	绝缘夹钳（视现场情况而定）		把	10
18	便携式绝缘测试仪	RST2000	台	1
19	常用电工工具（视施工情况而定）			

三、安全注意事项

1. 危险点分析及控制措施（表5-8）

表 5-8

危险点	控 制 措 施	控制人
高空坠落	1. 作业人员在作业过程中正确使用安全帽，斗内电工必须使用安全带，作业不得失去安全带的保护	斗内电工
	2. 绝缘斗臂车的操作要正确勿让其失控，速度要慢、停放位置要准确、绝缘斗臂伸出要有足够的调整余量	斗臂操作员
人身触电	1. 与调度联系，申请停用重合闸装置	工作负责人
	2. 严禁带负荷拆、搭引流线	工作负责人
	3. 拆开和绑扎扎线时，注意扎线头太长会造成接地或短路	斗内电工
	4. 除绝缘服绝缘手套部分外，其他身体部位不能碰触带电体和地体	斗内电工
	5. 作业人员不准同时接触两相导线或一相一地	斗内电工
	6. 勘察现场，针对现场特点，拟定作业现场可靠的安全措施	工作负责人
	7. 作业中遇天气变化危及安全时，应停止工作，恢复设备正常状态，或采取安全措施	工作负责人

2. 其他安全注意事项

（1）作业环境的要求

1）作业应在良好的天气下进行，风力大于五级以上大风、大雪、浓雾时不得进行作业。

2）在特殊情况下，若必须在恶劣气候下带电抢修，工作负责人应针对现场气象和工作条件，组织有关人员充分讨论，制定可靠的安全措施，经领导审核批准后方可进行。

（2）安全距离的要求

1）斗内电工操作时必须保证身体的各个部位始终与带电体保持 0.4m 以上的安全距离。

绝缘承力工具、绝缘绳索有效绝缘长度不小于 0.4m，带电体与接地部分保持 0.4m 以上。

2）斗臂车的金属臂在仰起、回转运动中，与带电体间的安全距离不得小于 1m。

3）斗内作业电工在操作时对作业过程中人体可能触及的范围内（0.6m）区域的所有带电体，接地部分采取可靠的绝缘遮蔽措施。

（3）带电作业用工具及防护用具的要求

1）带电作业用绝缘工具在运输过程中，应装在专用工具袋内，严防受潮、脏污和损伤。

2）带电作业用绝缘工具在使用前，必须用干燥清洁的毛巾将其表面擦干净，使用便携式绝缘检测仪检测绝缘工具，合格后方能使用。对绝缘手套、绝缘鞋、绝缘衣裤、绝缘遮蔽罩、绝缘毯等进行检查，无针孔、裂纹、沙眼。

3）工作人员应戴清洁、干燥的手套，不得赤手接触绝缘工具。绝缘工具在作业现场检测、摆放时始终置于防潮帆布上。

4）作业现场工作人员应戴安全帽，工作斗内作业电工必须穿戴齐备安全防护用具（绝缘安全帽护目镜、绝缘服，绝缘手套，保护手套，绝缘鞋），防止短路或弧光伤人。

（4）绝缘斗臂车的要求

1）应根据地形地貌，将斗臂车定位于最适于作业位置，斗臂车应良好接地，作业人员进入工作斗应系好安全带，要充分注意周边电信和高低压线路及其他障碍物，选定绝缘斗的升降回转路径，平稳地操作。

2）绝缘斗臂车在使用前应认真检查其表面状况，若绝缘臂、绝缘斗表面存在明显脏污，可采用清洁毛巾或棉纱擦拭，清洁完毕后应在正常工作环境下置放 15min 以上，斗臂车在使用前应空斗试操作 1 次，确认液压传动、回转、升降、伸缩系统工作正常，操作灵活，制动装置可靠。

3）斗内电工能熟练操作绝缘斗臂车，斗臂车的升降速度不应大于 0.5m/s，车体支腿的伸出长度一定要大于 0.4m，防止斗臂车倾倒、撞击其他物体。严禁用绝缘斗台升导线或作吊车用吊装设备，防止绝缘臂折断。严格控制绝缘斗的荷载，严禁超载。操作时应严格按照操作规程操作，操作人员必须听从指挥，互相配合。

4）在工作过程中，斗臂车的发动机不得熄火，工作负责人应通过泄漏电流监测警报仪实时监测泄漏电流是否小于规定值。

（5）其他要求

1）安装绝缘遮蔽罩或绝缘毯时，斗内电工应该先从距离身体最近的带电部分开始，按照由近至远、由低到高、由大到小的原则安装，拆除时相反。而且两相邻的绝缘遮蔽罩或绝缘毯应有 15cm 以上的重叠部分，并用绝缘夹紧固。

2）线路上确实无短路、接地、绝缘良好、线路上无人工作，才能开展搭引流线工作。

3）扎线时，扎线的展放长度不得大于 0.1m，并尽量避开接地端。一相作业完成后，应迅速对其进行绝缘遮蔽，然后再对另一相开展作业。

4）导线下方不准有人逗留设置遮拦或警告标志，地面电工传递工具和材料时应在导线下方外侧或内侧。

5）地面监护人员应使用扩音器指挥，绝缘斗臂可由第一或第二电工操作，但驾驶员不能离开操作台。

四、操作步骤

1. 作业前的准备

（1）工作前与调度联系，要求停用该线路两端的重合闸，在接到调度许可命令后，作业人员方可进入工作现场。

（2）工作负责人组织现场作业人员列队宣读工作票，向工作班成员交代安全措施、技术措施和讲解作业方案、危险点，并明确分工后，宣布开始工作。必要时可再在场研究确定具体作业方案，统一意见后开始作业。

（3）拉开作业线路后端线路开关或变压器高压侧的跌落保险器（隔离刀闸），使所断、引流线无负荷。

（4）根据杆上电气设备布置和作业项目，将绝缘斗臂车定位于最适于作业的位置，打好接地桩，连上接地线。

（5）注意避开邻近高低压线路及各类障碍物，选定绝缘斗臂车的升起方向和路径。

（6）布置工作现场，在绝缘斗臂车和工具摆放位置四周围上安全护栏和作业标志。

（7）斗内电工检查绝缘防护用具；穿上绝缘靴、绝缘手套、绝缘安全帽、绝缘服（披肩）等全套绝缘防护用具，同时地面电工检查、摇绝缘作业工具，工作负责人检查两侧导线。

（8）斗内电工携带作业工具和遮蔽用具进入工作斗，工具和遮蔽用具应分类放置在斗中和工具袋中，作业人员要系好安全带。

（9）在工作斗上升途中，对可能触及范围内的低压带电部件也需进行绝缘遮蔽。

（10）工作斗定位于便于作业的位置后，首先对离身体最近的边相导线安装导线遮蔽罩，套入的遮蔽罩的开口要翻向下方，用绝缘夹夹紧以防脱落。

（11）按照从近至远、从大到小、从低到高的原则，采用以上同样遮蔽方式，分别对三相导线均必须安全遮蔽。

2. 带电断引流线

（1）要根据现场情况确定断引方案，防止被断掉的引线造成短路，断点宜靠近电源端。

（2）第二电工使用绝缘固定器选择合适的位置将该导线固定牢固，要注意防止导线剪断的瞬间摆动过大。

（3）第一电工将绝缘剪子固定在欲断线的位置。

（4）第一电工缓慢操作断线剪子将导线断线。

（5）第一电工放下断线剪子，使用另一把绝缘固定器，配合第二电工将剪断的引线盘起，或将固定器在合适的位置再将余下的引线断掉。在全绝缘防护的情况下（即穿绝缘服、戴绝缘手套、带专用安全帽戴护目镜）可以不使用绝缘工具整理引线。

（6）断引要逐相进行，应先断短的后断长的。

（7）全部作业完成后，工作斗内电工由远至近依次拆除所有遮蔽工具，拆除时注意身体与带电部件保持安全距离。

（8）作斗返回地面，清理工具和现场，地面电工收绳，清点工具，检查现场，工作结束。

3. 带电接裸体导线引流线

（1）由第一电工用要用钢刷将导线的氧化层去掉，然后第一电动与第二电工配合，使用导线绝缘固定器与绝缘夹钳用绝缘绳依次量好每相引流长度。

（2）第一电工在第二电工的协助下，使用绝缘扳手或专用接引工具及线夹进行接引，先接远侧导线，后接近侧导线，最后接外边导线（分歧线及其他接引应根据实际情况确定，但应以先接长引流、后接短引流为原则）。引流线与接地体及其他相导线要保持足够的安全距离，操作人员应在导线的一侧或下方不应在导线之间。

（3）全部作业完成后，工作斗内电工由远至近依次拆除所有遮蔽工具，拆除时注意身体与带电部件保持安全距离。

（4）作斗返回地面，清理工具和现场，地面电工收绳，清点工具，检查现场，工作结束。

4. 带电接绝缘导线引流线

（1）绝缘导线带电接引时，应逐相拔皮、接引，并使用绝缘护罩或绝缘毯将导线的裸露部分进行包裹。

（2）首先由第一电工用剥皮器将绝缘披剥掉，然后第一电工与第二电工配合，使用导线绝缘固定器和绝缘夹钳用绝缘绳依次量好引流长度，将引流剪断、剥皮。

（3）第一电工在第二电工的协助下，使用绝缘扳手或专用接引工具进行接引，先接中间导线，后接内边导线，最后接外边导线（此顺序适用于一般的变台接引，分歧线及其他接引应根据实际情况确定，但应以先接长引流、后接短引流为原则）。引流与接地体及其他相导线要保持足够的安全距离，操作人员用在导线的一侧或下方不应在导线之间。

（4）绝缘线接引，每接完一相后，导线接点要安装线夹绝缘罩。

（5）操作中除工作负责人认真监护外，第二电工始终是第一电工工作监护人。

（6）全部作业完成后，工作斗内电工由远至近依次拆除所有遮蔽工具，拆除时注意身体与带电部件保持安全距离。

（7）作斗返回地面，清理工具和现场，地面电工收绳，清点工具，检查现场，工作结束。

5. 工作终结

（1）办理工作终结手续。

（2）填写带电作业记录表。

五、作业流程（图5-3）

特别说明：本教材中的所给出的作业工法指导书案例只作参考用，实际工作岗位上应特别注意掌握：

（1）从业单位经过批准的岗位作业指导书。

（2）标准规范及其最新版本，以保障安全。

（3）作业设备及护具的使用说明书、安全告知和施工作业注意事项。

```
      ┌─────────┐                    ┌─────────┐
      │  开 始  │                    │  结 束  │
      └────┬────┘                    └────▲────┘
           │                              │
           ▼                              │
  ┌─────────────────┐            ┌─────────────────┐
  │ 现场勘察，条件具备 │            │  办理工作终结手续  │
  │  后制定作业方案   │            └────────▲────────┘
  └────────┬────────┘                     │
           │                              │
           ▼                              │
  ┌─────────────────┐            ┌─────────────────┐
  │ 填用第二种工作票，跟 │            │   清点工具、人员   │
  │ 调度联系停用工作线路 │            └────────▲────────┘
  │ 重合闸，办理许可手续 │                     │
  └────────┬────────┘                     │
           │                              │
           ▼                              │
  ┌─────────────────┐            ┌─────────────────┐
  │ 宣读工作票，交待安全 │            │  杆上电工完成作业  │
  │  措施，明确分工   │            └────────▲────────┘
  └────────┬────────┘                     │
           │                              │
           │                              │
           ▼                              │
  ┌─────────────────┐            ┌─────────────────┐
  │    检查工具      │            │  1号、2号电工配   │
  └────────┬────────┘            │  合断、接引流线   │
           │                     └────────▲────────┘
           ▼                              │
  ┌─────────────────┐            ┌─────────────────┐
  │ 检查确认断、搭接点 │───────────▶│ 工作负责人发作业令并 │
  │ 后段线路不带负荷  │            │  现场全过程监护   │
  └─────────────────┘            └─────────────────┘
```

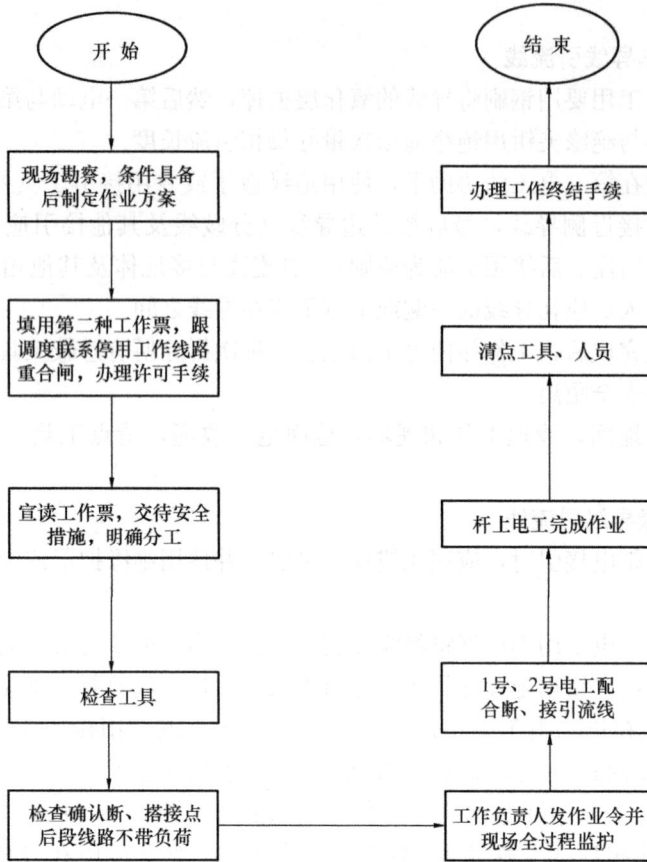

图 5-3 10kV 采用绝缘斗臂车作业法断、接引流线作业流程图

第六章 操 作 与 维 保

高空作业平台（车）操作岗位培训和设备日常作业运用中，操作人员尚应根据高空作业平台（车）的品种型号，仔细阅读其产品手册，理解其安全须知、作业规定以及技术升级提示，做好知识更新和能力达标；同时遵守施工管理规定、技术交底、岗位规程、保障相适应的健康条件，做到安全作业和正确操作，防范事故的目的。

汽车式高空作业平台设备转场时，司机人员应安全驾驶，遵守驾驶人员管理规定，交通法规；进出作业场地应做好与现场人员、设备操作人员、临近工序人员及施工机具的协调与配合。

第一节 操 作 条 件

一、环境条件（图 6-1）

（1）地面应坚实平整，作业过程中地面不应下陷；

（2）环境温度为 $-25\sim+40℃$；

（3）风速不超过 12.5m/s；

（4）海拔高度不超过 1000m；

（5）环境相对湿度不大于 90%（+25℃）。

图 6-1

二、人员条件

（1）操作人员应当身体健康、智力健全，使用举升平台时充分明白和能处理可能出现的危险。

（2）操作人员应当拥有良好的视力（即时使用眼镜或隐型眼镜）和听力及运动技巧。

（3）操作人员不能服用可能改变他们身体或精神状况的物品（例如药、酒、麻醉毒品等）如图 6-2 所示。

（4）操作人员必须经过系统的专业能力岗前培训并合格获得操作证（图 6-3）。

图 6-2   图 6-3

（5）操作人员必须熟知设备控制装置的具体位置和相关的操作规范，认真仔细阅读并熟知设备的操作手册。

（6）操作人员必须熟知设备的应急操作。

三、操作前准备工作

（1）仔细阅读使用说明书（图 6-4）。

（2）确认施工周围环境，非带电作业车远离高压线，周围没有易燃易爆物品，没有影响施工的其他外在因素等（图 6-5）。

图 6-4   图 6-5

（3）确认工作区域，禁止非相关人员、动物、车辆进入区域（图 6-6）。

（4）检测车辆燃油充足，确保燃油足以完成本次工作（图 6-7）。

（5）检查手制动器及制动器锁是否操作正常。

（6）检查车辆警告灯是否操作正常。

（7）车辆停在坚实平整地面，允许的最大倾斜角为 5°，车辆重的一端朝上坡，车辆的纵向与斜坡的方向一致，不能横放在坡上（图 6-8）。

（8）在公路上进行工作时，作业车应尽量靠边停放，停放时应注意使作业车与路牙石之间距离不小于水平支腿伸出长度。

图 6-6 　　　　　　　　　　　　　　图 6-7

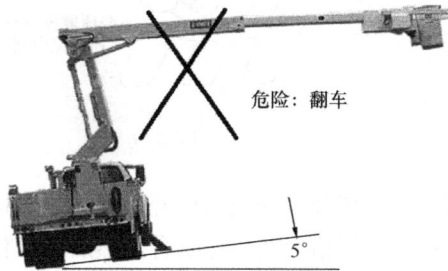

图 6-8

（9）车辆工作地点地面坚实，无孔洞。

（10）工作人员整齐佩戴安全防护设备。

第二节　车　辆　操　作

高空作业车操作主要分为：驾驶室操作、下车操作、转台操作、平台操作、应急操作五大部分（图 6-9）。

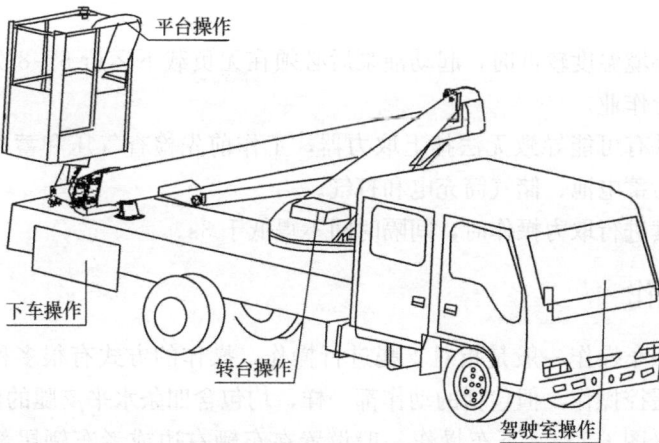

图 6-9

一、驾驶室操作

驾驶室操作主要负责车辆工作时发动机及取力操作。主要操作步骤如下：

（1）车辆停稳后，拉紧手刹车，车辆轮胎处垫上三角木。

（2）变速器置于空挡，取力操作开关处于断开位置（图6-10）。

（3）启动发动机钥匙开关，踩下离合器踏板（图6-11）。

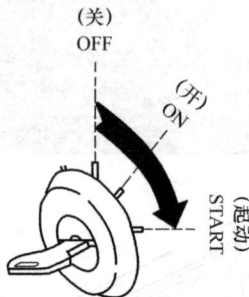

图 6-10　　　　　　　　　　　图 6-11

（4）踩住离合器踏板不松开，推动取力操纵杆或将取力开关打到接通状态，使取力箱取力齿轮与变速箱内的齿轮啮合，然后慢慢松开离合器踏板，使油泵运转（图6-12）。

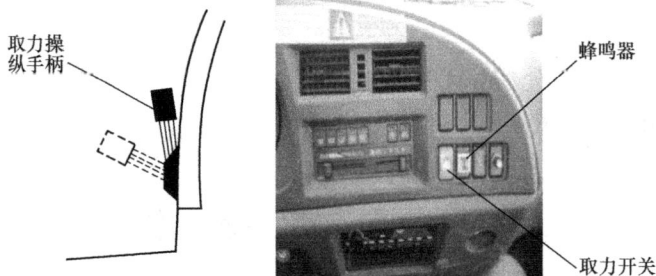

图 6-12

注意：

（1）新车或环境温度较低时，起动油泵后必须在无负载下运行5~8分钟，预热液压系统，然后再进行作业。

（2）气压过低有可能导致无法挂上取力器，工作前先检查气压和蓄电池容量，如过低，应空挡运转为蓄电池、储气筒充电和打气。

（3）两处连续进行取力操作时，间隔时间不得低于3s。

二、下车操作

高空作业车下车操作一般是指对支腿进行操作，操作的方式有很多种可以是手柄操作，开关操作，遥控操作，但包括的动作都一样，均包含四条水平支腿的伸、缩，四条垂直支腿的伸、缩（图6-13）。下车操作一般设置在车辆右边或者车辆尾部的下车控制箱内。下面以手柄操作为例介绍支腿操作步骤。

图 6-13

　　操作选择手柄 1，选择操作水平腿还是垂直腿，手柄向上或向下分别对应水平支腿或垂直支腿，不同的厂家、不同的产品设置有差异，有的向下是水平支腿，有的向上是水平支腿，操作时根据操作手柄处的标识指示完成对应的选择。平时不操作作业车时手柄置于中位（图 6-14）。

　　操作手柄 2～5 分别对作业车的四条水平支腿或垂直支腿进行伸、缩操作。当选择手柄 1 完水平支腿或垂直支腿选择后，操作支腿对应的手柄即可进行伸、缩操作。手柄向上或向下分别对应支腿的伸或者缩，不同的厂家不同的产品设置有差异，有的向下是伸，有的向上是伸，操作时根据操作手柄处的标识指示完成对应的动作。平时不操作作业车时手柄置于中位（图 6-15）。

图 6-14

图 6-15

　　注意：

　　（1）支腿在伸出过程中注意要留出足够的空间，防止周围的物品与之发生碰撞，一般横向方向预留的空间不小于横向支腿跨距。

　　（2）在高低不平场地或地基较软时，要用木块垫在支腿下，防止支腿支撑不坚实，发生危险。

　　（3）特别注意非相关人员、动物进入工作区域，发生挤压危险，工作人员同样要远离支腿可能支撑的空间区域，防止发生危险（图 6-16）。

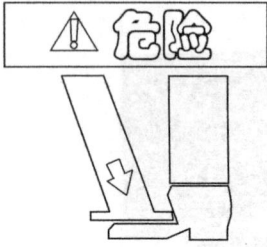

图 6-16

（4）支腿完全伸到位后，观察水平仪，确认车体处于水平状态，方可进行下一步工作。如果是在斜坡上工作，应尽量用支脚垫木将车体垫平，并且斜坡的角度不能超过 5°（图 6-17）。

（5）有的作业车在下车操作处设有支腿撑实检测指示灯，以告知操作人员支腿支撑情况，指示灯的指示情况根据不同厂家不同产品设置不同（图 6-18）。

（6）开始作业时必须先选择水平支腿，水平支腿伸出到位后，再选择垂直支腿进行操作。结束工作时必须先选择垂直支腿，垂直支腿完全受到位后，再选择水平支腿。

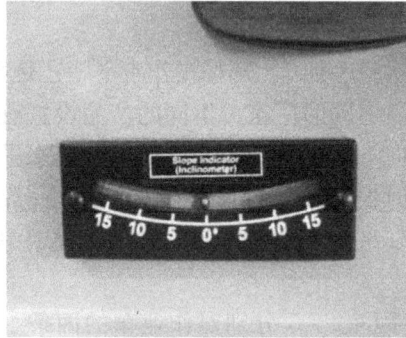

图 6-17

（7）一般情况下，下车操作处，设有上下车互锁阀，防止在操作下车时误动作上车或者操作上车时误动作下车，造成危险发生（图 6-19）。

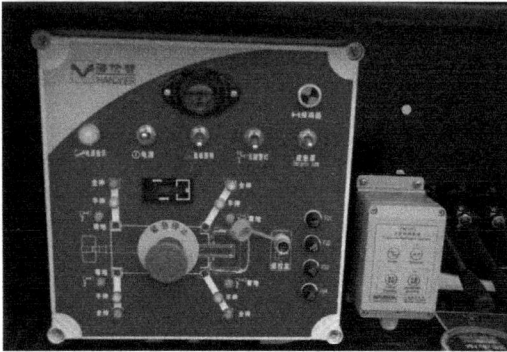
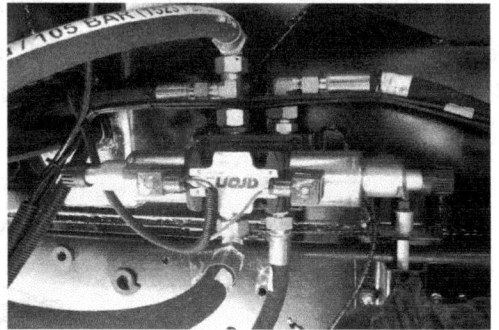

图 6-18

图 6-19

三、转台操作

一般转台操作都在作业车转台处设有转台操作箱，也有的产品是用遥控盒进行转台操作的。转台操作主要是对工作装置的动作进行操作，包括：转台左右回转、臂架起落变幅、臂架伸缩、工作平台左右回转、工作平台前后倾操作、带有起吊功能的作业车还有吊钩的操作、有的作业车甚至包括工作平台伸缩操作。一般情况下这些动作都集成在同一操作面板内，正常情况操作开关都设有三个位置，上下或左右为两个操作位置，中间为停止位置，上下或左右操作位置代表的动作不同厂家不同产品有不同的设置。各操作开关设置如下：

（1）转台回转操作开关。开关操作到上位置时，转台右回转，开关操作到下位置时转台左回转，开关回到中位时，停止转台回转操作（图6-20）。

注意：

1）转台回转半径内禁止站人（图6-21）；

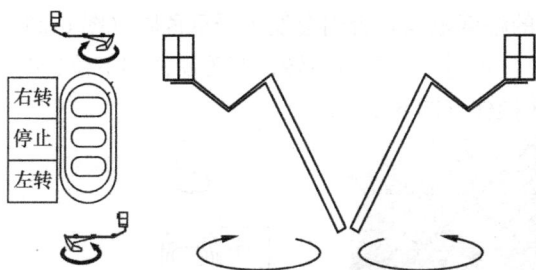

图6-20

图6-21 转台下禁止站人

2）斜坡上操作时禁止将转台回转到易于倾翻的方向（图6-22）；

3）确认操作转台回转时臂架已脱离臂支架，否则会发生危险（图6-23）。

图6-22

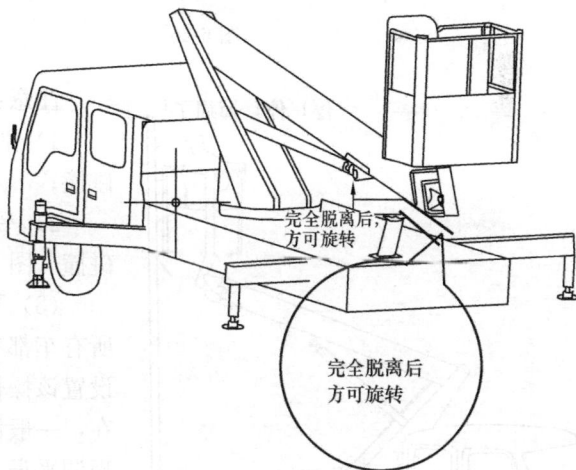

图6-23

（2）臂架起落变幅操作开关。开关操作到上位置时，臂架起向上变幅，开关操作到下位置时臂架落向下变幅，开关回到中位时，停止臂架变幅操作（图6-24）。

（3）臂架伸缩操作开关。开关操作到上位置时，臂架缩，开关操作到下位置时臂架伸，开关回到中位时，停止臂架伸缩操作（图6-25）。

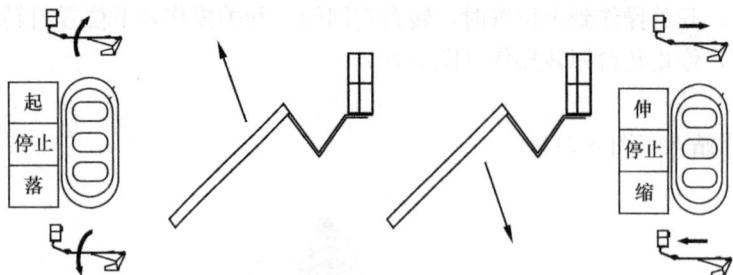

图 6-24

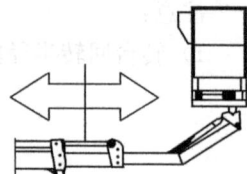

图 6-25

注意：

1）操作臂架伸缩前，确认臂架已完全脱离臂支架，否则会出现危险。

2）臂伸缩区域一定要遵循作业车规定的幅度范围，否则会发生严重危险（图6-26）。

（4）平台回转操作开关。开关操作到上位置时，平台右回转，开关操作到下位置时平台左回转，开关回到中位时，停止平台回转操作（图6-27）。

图 6-26

图 6-27

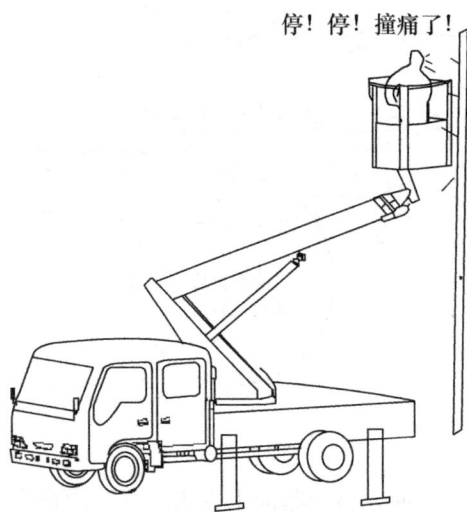

图 6-28

停！停！撞痛了！

注意：

1）平台回转过程中防止与周围物品发生碰撞；

2）平台回转过程中防止与车体臂架发生碰撞（图6-28）。

（5）平台前后倾操作开关。该操作不是所有车都有，只有液压调平或电调平的车才设置该操作，并且该操作不作为主要操作存在，一般情况下只用于车辆经过多次循环出现调平误差后，用于纠正误差累积，或者在紧急情况下才使用。当平台向后倾斜时，操作开关向相反的方向调整，反之（图6-29）。

注意：操作时注意方向，千万不能将方向搞错，否则会发生危险事故（图6-30）。

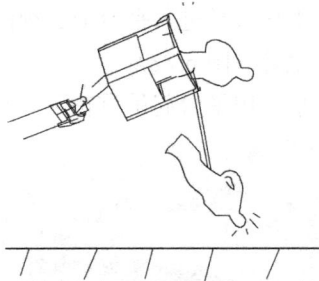

图 6-29   图 6-30

（6）吊钩操作。带有吊重功能的作业车该处还设有吊钩操作开关。

注意：

1）当吊钩靠近伸缩臂时，严禁操作伸缩臂，要先放吊绳再操作伸缩臂。

2）吊重物时严格遵循厂家提供的起重图表标识规定，否则会发生危险。

（7）在转台操作处，设有急停装置。当出现紧急情况时，可将急停按钮按下，发动机电源切断，所有动作停止，需要恢复动作时将开关沿着箭头方向旋转即可（图 6-31）。

（8）在转台操作处，设有发动机点火熄火开关，目的是能进行远程控制发动机的启动和关闭。

注意：

在发动机处于工作状态时不能操作发动机点火，否则对发动机会造成损坏。

（9）上下操作切换开关。该开关的作用是保证何处操作有效，防止误操作造成危险发生。开关指向平台时，平台操作可用，开关指向转台时转台操作可用。根据需要的操作位置选择开关的位置。平时开关置于中位（图 6-32）。

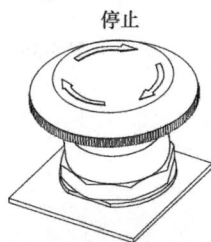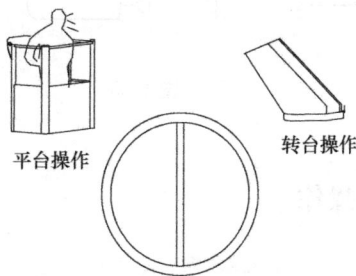

图 6-31   图 6-32

（10）不同功能的作业车还有一些辅助功能的操作设置，比如对讲机、液压接口、外接电源等。这要视车辆的功能配置而定，本处不再一一介绍。

四、平台操作

平台操作处的动作设置一般情况下与转台操作相同，并且在高空作业车行业默认平台操作为主操作，转台操作为辅操作，但转台操作优于平台操作，以确保平台工作人员的安全。由于操作设置基本一致，本处就不再详细介绍。

平台操作注意事项：

（1）工作人员进入平台前必须配套整齐安全防护装备，比如：安全帽、安全带、安全靴、防护服等（图 6-33）。

（2）禁止用平台起吊重物到高空（图 6-34）。

图 6-33

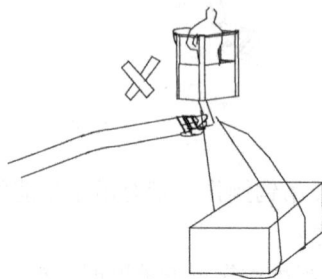

图 6-34

（3）平台工作人员严禁攀爬平台（图 6-35）。

（4）严禁工作人员通过其他途径进入工作平台，造成危险发生（图 6-36）。

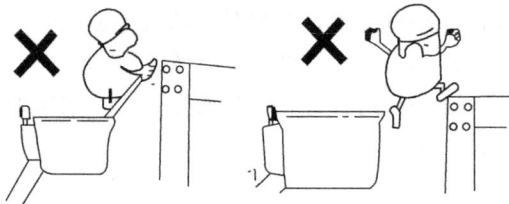

图 6-35

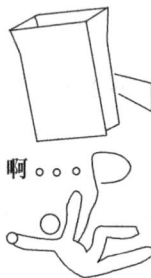

图 6-36

五、其他操作

应急操作：

所有的高空作业车均设有应急操作。当发动机不能正常供电，导致油泵不能正常工作时，启用应急操作将工作人员安全送回到地面。应急操作一般设置在下车，由地面工作人员完成操作。应急方式有很多种，可以是手动泵、电动泵、柴油机等。

注意：

（1）应急操作不是常规操作，不能作为正常工作时的动力源提供者；

（2）使用电动泵应急时，不能长时间连续进行，每两次启动间隔时间不得低于 30s。

收回车辆：

作业车工作完毕后，按照先收回工作装置（上车），再收回支腿，最后断开取力器的顺序进行操作。在收支腿前确认上车臂架已落实到臂支架上后，方可收回支腿。确认上车、下车（支腿）完全收回并断开取力器后，方可行驶车辆。

第三节 作业车调试与试运行

一、液压系统工作压力的调整

为保证液压系统工作安全、可靠，每一辆出厂车的液压系统工作压力已调整到最佳状态，正常情况下，用户不得随意调整，若因系统故障或其他原因实际溢流压力值偏离调定值时，应按下述方法将压力调整至原设定值。

1. 下车溢流的调整

（1）起动发动机，挂上取力器，发动机处于怠速状态。

（2）松开溢流阀处调整螺杆上的锁紧螺母，将换向手柄处于中位，向上推动控制手柄，整车处于溢流状态，此时下车压力表读数即为溢流压力。

（3）用内六角扳手缓慢旋转螺杆，顺时针旋转，溢流压力增高；逆时针旋转，溢流压力降低。

（4）根据压力表读数顺时针或逆时针调节螺杆，使压力表读数为厂家要求设定值。

（5）调节完毕后拧紧锁紧螺母，断开取力器，关闭油门。

2. 上车溢流的调整

（1）起动发动机，挂上取力器，使发动机处于怠速状态。

（2）松开比例阀组处溢流阀螺杆上的锁紧螺母，只操作比例手柄至最大位置，此时，上车处于溢流状态，此时上车压力表所示读数即为上车溢流压力。

（3）用内六角扳手缓慢旋转螺杆，顺时针旋转，溢流压力增高；逆时针旋转，溢流压力降低。

（4）根据压力表读数顺时针或逆时针调节螺杆，使压力表读数为厂家设定的值。

（5）调节完毕后拧紧锁紧螺母，断开取力器，关闭油门。

二、工作平台倾斜调整

当工作平台的倾斜角度超过3°或者工作人员站在平台内因为没有安全感时需要对工作平台进行倾斜调整。

（1）起动发动机，挂上取力器，使发动机处于上车工作状态的转速，操作工作平台至易于调平的位置。

（2）根据平台向前或者向后倾斜的状态，操作平台调平开关，使工作平台处于水平状态（图6-37）。

（3）将操作开关置于中位，断开取力，关闭发动机。

注意：

（1）当需要对调平油缸进行排气时，应在调平前，反复的操作调平油缸到行程极限位置，排净空气后，再调平工作平台。

（2）调平工作平台时，工作平台内禁止站人。

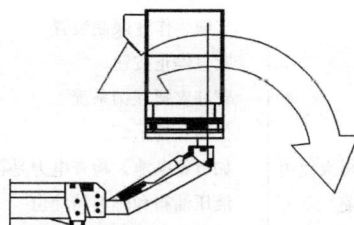

图6-37

<h1 style="text-align:center">第四节　作业车维护保养</h1>

一、概述

高空作业车的维护包括作业部分和汽车底盘的维护。有关底盘的维护和保养，按照各底盘提供的使用说明书进行。作业部分的维护可分为日常维护与定期维护，定期维护又可分为一级（每月）维护保养、二级（每六个月）维护保养和每 12 个月例行维护保养。在进行作业部分保养时要根据厂家提供的使用说明书和标识标牌对作业车相关部位进行检查、紧固、润滑、清洁和更换。

作业车的关节处、有相对运动部分都要用厂家要求的润滑脂进行润滑（图 6-38）。

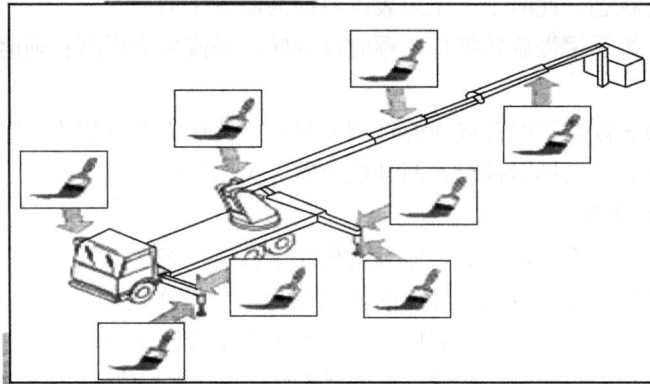

图 6-38

日常维护周期，见表 6-1。

日常维护周期表

表 6-1

时间间隔	内　　　容	备注	完成人
每天使用之前	在空载的情况下反复测试，确保所有安全装置和应急装置功能良好，尤其要注意检查测试以下几点： 支腿、作业限制装置 紧急停止按钮 臂和支腿互锁系统 控制和警示灯 如有蓄电池，检查电力是否充满 液压油箱和燃料箱油位 结构件是否有裂纹 回转支承、主副车架的连接螺栓可靠 确保如下几点： 销栓锁系统（插头，连接器等）状态良好，工作效率高 已自己阅读说明书和安全警示标牌 无漏油，无电器连接点松动，无碰撞，无挤压等		高空作业车操作人员

时间间隔	内　　容	备注	完成人
每工作50小时	检查发动机润滑油位 确保下述元件清洁： 柴油第一层滤芯 发动机空气滤清器 机器（尤其要检查连接处和管路松紧度） 检查检测确定轮胎，电缆，所有配件和工具情况 液压油滤油器		高空作业车操作人员
每个月（约120小时）	根据说明书和润滑标识进行检查、清洁和润滑	在首个150小时后，更换液压系统滤芯	高空作业车操作人员

定期维护周期表，见表6-2：

定期维护周期表　　　　　　　　　　　　表6-2

时间间隔	内　　容	备注	完成人
每3个月（满360小时）	检查紧固件 回转支承具体细节 变速箱具体细节 副车架具体细节 销栓 按照作业车润滑标识进行检查和润滑 检查液压系统油箱 检查锁止阀 如果回转支承螺栓不正确，须在授权服务处更换所有螺栓		高空作业车操作人员 拥有此机器的公司中负责安全的人员 生产厂家或授权服务处
每6个月（满750小时）	进行一次机器全面检查，在附录的"检查登记表"中记录检查结果		高空作业车操作人员 拥有此机器的公司中负责安全的人员
每年（满1500小时）	更换液压系统中所有的液压油		高空作业车操作人员 拥有此机器的公司中负责安全的人员 生产厂家或授权服务处
每1～3年（1500～4500小时）	全部检修		生产厂家
每15000小时或每10年	全部大修		生产厂家

注意：一台高空作业车每1～2年（1000～3000小时）承载能力下降，须检修。每6～7年（9000～10000小时）须大修。

二、日常维护保养

1. 检查机器的总体情况

每天使用机器前，进行下列检查：

图 6-39

（1）检查作业车的外观，特别是结构的断裂或损坏情况，如果出现问题，不能使用作业车，联系生产厂修理（图 6-39）。

（2）查看连接螺钉和螺栓有无松动。尤其对于下列关键紧固件，应着重检查：连接工作平台与其支架的紧固件、连接转台与回转支承的紧固件、连接回转支承与副车架的紧固件、连接主副车架的紧固件、平衡拉杆上各紧固件、各销轴上的紧固件（图 6-40）。

（3）检查中发现紧固件有松动现象，立即拧紧。发现螺栓、螺母有磨损或损坏现象，立即更换（图 6-41）。

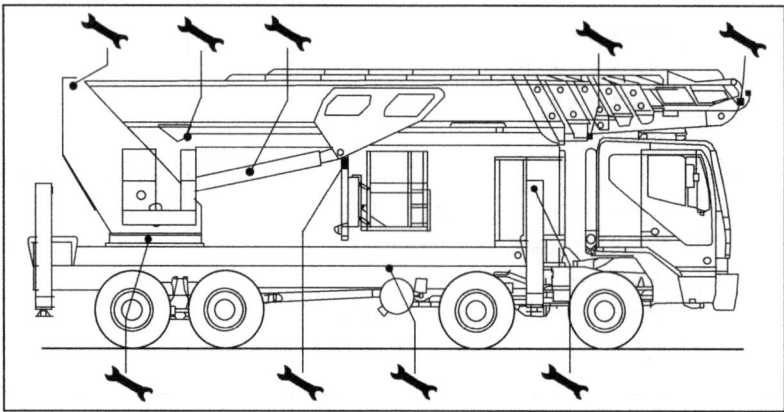

图 6-40

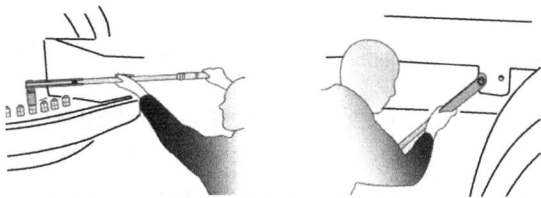

图 6-41

（4）查看所有的销轴紧固情况和是否有损坏，发现异常，立即停止使用，联系生产厂修理（图 6-42）。

（5）检查是否有漏油现象，如果有，必须加以解决，若因漏油导致油量不足，将油加足。

（6）检查油管是否有损坏，如果必要的话，进行更换；检查管路时注意安全。

（7）保持作业车清洁，注意保持通向作业车走台板和工作平台的阶梯上不能有油、脂、泥（图 6-43）。

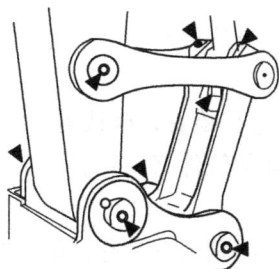

图 6-42

图 6-43

注意：清洗时，不得对准电器元件和电气系统喷水。作业车清洗完毕后将水拭擦干净，防止水锈蚀部件。

2. 蜂鸣器的检查

蜂鸣器的作用是提醒周围及吊篮上人员注意，同时工作臂举升至极限位置时报警。检查方法是进入工作状态时，首先按动蜂鸣器按钮，确认鸣笛是否正常（图 6-44）。

3. 电瓶

电瓶是作业车的重要部件，是作业车正常工作所不可缺少的。电瓶无电，出现紧急情况时，手动泵也无法工作。因此，应特别注意电瓶的检查，当其工作不可靠时，应立即更换。

注意：在对电瓶进行维护和对作业车的电气系统进行维护之前，必须切断电源。当心溶液喷出灼烧自己和他人（图 6-45）。

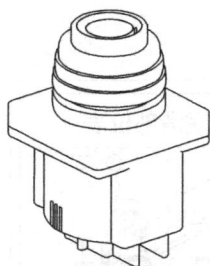

图 6-44

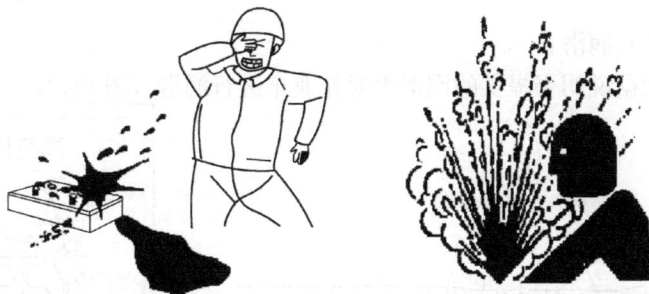

图 6-45

4. 检查主油泵的工作情况

在伸支腿时，检查下车压力表是否达到了最大工作压力。如果不能达到调定溢流压力，不可使用作业车，应对液压系统中的滤油器是否堵塞、系统是否漏油等问题进行必要的检查，或进行必要的修理。

5. 检查液压油的油位

将车停在水平的地面，按如下程序进行：液压油箱中的油位应不低于油标的 3/4，如果油位不够，加注与原来同样牌号的液压油，加到正确的油位为止。

注意：为避免损坏液压系统，不要混用不同品牌、不同性质的油（图 6-46）。

三、一级（每月）保养

（1）日常维护的全部内容。

（2）检查手动泵的工作情况：按手动泵的使用方法检查手动泵能否正常工作，如果手动泵不能工作正常，应及时修理。

（3）检查管路和接头：对整个作业车的管路进行检查，确认液压管路和接头没有损坏，没有液压泄漏。否则，使用原装备件更换损坏的管件（图6-47）。

（4）电缆：

检查作业车上所有的电缆，确认其没有损坏，特别是有没有挤伤、裂缝、磨损等。检查是否有电缆与运动部件发生干涉（图6-48）。

图 6-46

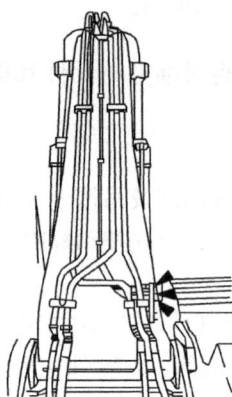

图 6-47

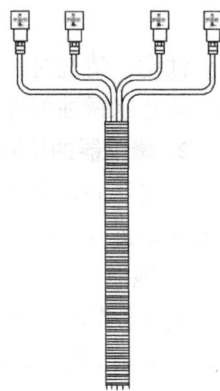

图 6-48

（5）润滑：

根据说明书提供的润滑表对作业车进行润滑（图6-49）。

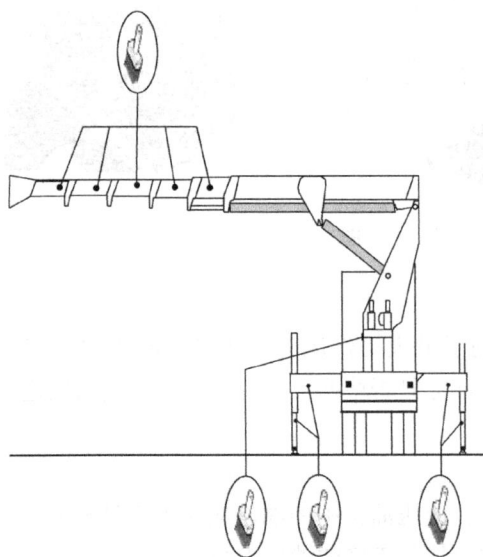

高空作业车润滑部位表

润滑周期	序号	润滑部位名称	润滑点数量	润滑方式	润滑油种类
每月	1	油缸铰接部分	16	油枪注入	极压锂基润滑脂2号
3个月	2	连杆铰接部分	6	油枪注入	极压锂基润滑脂2号
	3	托架铰接部分	2	油枪注入	极压锂基润滑脂2号
	4	工作臂铰接部分	6	油枪注入	极压锂基润滑脂2号
	5	起升减速机	1	换油	90号工业齿轮油
6个月	6	回转减速机	2	油枪注入	极压锂基润滑脂2号
	7	水平活动臂部分	4	涂抹	极压锂基润滑脂2号
	8	工作臂伸缩部	1	涂抹	极压锂基润滑脂2号

⚠ **注意**
◇ 对于维护保养的详细内容请参见使用说明书。
◇ 严格按规定的保养周期进行保养，这对保证本机正常工作至关重要！

图 6-49

注意：工作车在润滑不良的情况下工作，会有严重的危险并可能导致作业车的功能失常和结构损坏。确认每处滑动和铰接点润滑良好。禁止给运动中的部件润滑。在润滑后，将多余的润滑剂除去，以避免沾染碎屑和灰尘。在工作负荷重、环境条件恶劣情况下，增加润滑的频次。

（6）检查臂/支腿互锁装置：在臂离开初始位置后，支腿操作不能动作（图6-50）。

（7）标牌：检查作业车各处标牌，更换和修复所有损坏标牌。使用没有操作标牌的作业车是危险的。

（8）钢丝绳：在使用时，每月至少润滑两次。润滑前用钢丝刷子刷去污物并用煤油清洗，然后用润滑油蘸浸钢丝绳，使润滑油浸到绳芯。检测钢丝绳头和钢丝绳体的情况，发现异常立即更换（图6-51）。

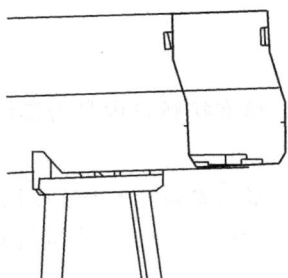 

图6-50　　　　　　　　　　　　　图6-51

（9）检查是否有油漆脱落现象，如果必要的话，修理漆面，以防生锈。

（10）检查链条。检查链条的磨损和松紧情况，根据松紧程度进行调整，有磨损进行更换。拧紧力矩根据厂家使用说明书上的推荐力矩进行设定（图6-52）。

图6-52

四、二级（每6个月）维护保养

（1）一级维护的全部内容。

（2）行程开关

通常安装的行程开关如下（图6-53）：

臂支架处：用于上下车互锁；

转台处：下臂油缸极限位置限位、报警；

工作平台处：上臂油缸极限位置限位、报警。

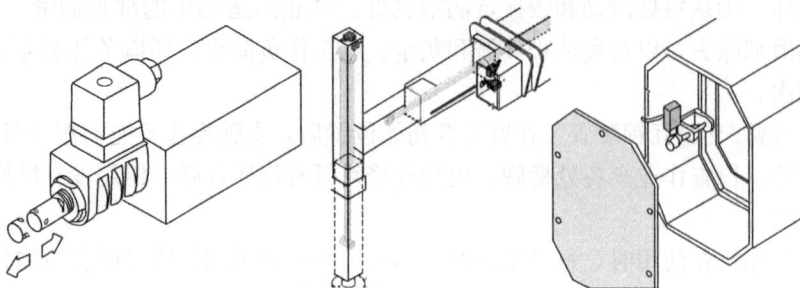

图 6-53

行程开关检查步骤如下：

1）检查每一只行程开关，有无损坏；

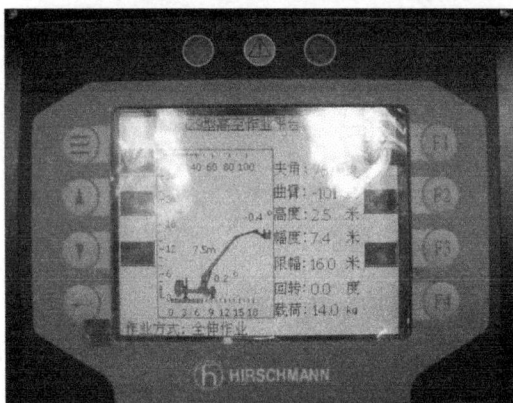

图 6-54

2）检查接触点内是否潮湿、是否有积水；

3）确认紧固件无损坏或松动。

如果查到了故障，需进行必要的修理或更换。

（3）控制装置

检查所有的控制装置工作是否正常，开关和调速器是否接触良好，运动和工作速度是否平稳，显示是否正常等（图 6-54）。

（4）回转减速机

检查减速机润滑油是否有泄漏，是否有不正常噪声，是否有壳体温升过快现象。发现有漏油现象，应检查壳体内油量，润滑油不足，加注润滑油。发现有不正常声响和温升过快现象，及时修理（图 6-55）。

（5）检查回转支承

检查回转的润滑脂情况，检查回转支撑齿轮情况，发现异常立即处理（图 6-56）。

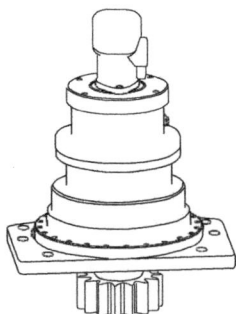

图 6-55

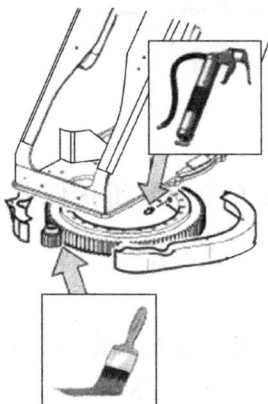

图 6-56

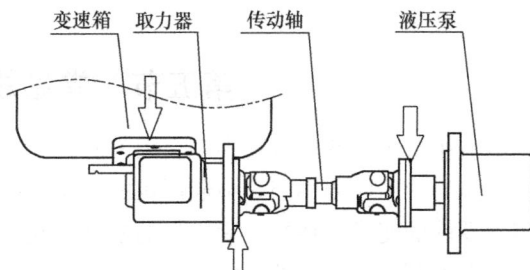

图 6-57

五、每 12 个月例行维护保养

1. 二级维护的所有内容

2. 油泵和取力器

检查发动机变速箱、取力器与油泵的紧固情况，确认结合面处无漏油、渗油现象（图 6-57）。

3. 液压滤油器

清洗或更换液压油箱上安装的吸油滤油器和回油滤油器的滤芯（图 6-58）。

4. 油缸

检查活塞杆有无深拉伤，镀铬层有无剥落，或有无接头漏油。油缸铰接处运动情况（图 6-59）。

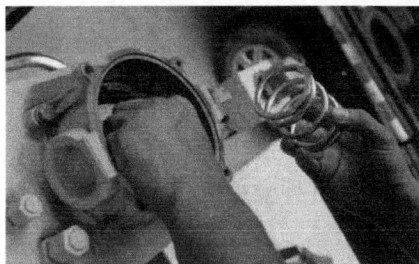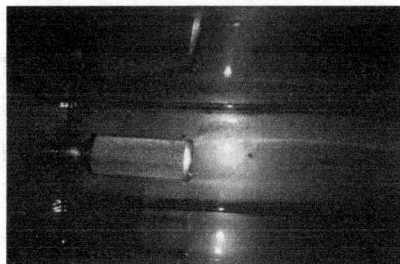

图 6-58

5. 清洗油箱，更换液压油。

换油方法：油箱清洗晾干后，装入新油，将油箱上的回油管拆下，接入另一容器，使油泵工作，依次操纵各机构，用新油将旧油顶出，使整个油路都充满新油后，再将回油管接至油箱上，同时补充新油至规定位置。

6. 更换回转减速机和卷扬减速机的润滑油。润滑油采用 90 号工业齿轮油。

7. 更换易损件。检查易损件比如滑块的磨损情况，磨损严重的进行更换（图 6-60）。

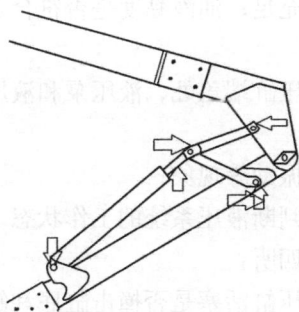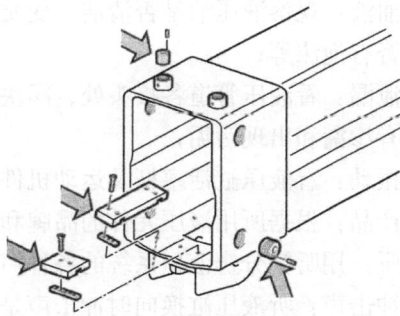

图 6-59　　　　　　　　　　　　　　　图 6-60

8. 全面检修车辆的关键结构件和关键连接部位，比如主副车架连接处、回转支撑连接处、工作平台与臂架连接处等。

第五节　常见故障的诊断

高空作业车在使用过程中，会因为时间的加长，造成各运动零件会发生正常的自然磨损；会因为使用保养不当，引起严重的不正常磨损，以致零件的正常配合关系遭到破坏；会因为零件的变形、锈蚀、紧固件的松动以及有关部位调整不正确，破坏机械原有技术状态。加上不利作业环境的影响，使机械的动力性、经济性、可靠性下降，严重时机械不能正常工作，这种现象称为机械故障。当机械发生故障后，通过分析、判断以及采取必要的方法找出故障发生的部位及原因，采取措施予以排除，迅速恢复完好的技术状态，称为故障排除。

一、机械故障的一般现象

（1）工作突变：如动作不平稳，运动困难，速度慢，压力高，甚至不能动作，卡死等。

（2）声响异常：如油缸异响，回转异响，液压泵异响，液压阀异响等。

（3）渗漏现象：如漏水、漏气、漏油等。

（4）过热现象：如液压油过热、液压阀过热、液压缸过热等。

（5）外观异常：如局部总成件振动严重，液压油缸杆颜色变暗等。

二、故障诊断的方法

1. 简易诊断法

简易诊断法又称主观诊断法，是依靠维修人员的视觉、嗅觉、听觉、触觉以及实践经验，辅以简单的仪器对高空作业车液压系统、液压元件出现的故障进行诊断，具体方法如下：

（1）看：观察高空作业车液压系统、液压元件的真实情况，一般有六看：

一看速度：观察执行元件（液压缸、液压马达等）运行速度有无变化和异常现象；

二看压力：观察液压系统中各测压点的压力值是否达到额定值及有无波动；

三看油液：观察液压油是否清洁、变质；油量是否充足；油液黏度是否符合要求；油液表面是否有泡沫等；

四看泄漏：看液压管道各接头处、阀块接合处、液压缸端盖处、液压泵和液压马达端处等是否有渗漏和出现污垢；

五看振动：看液压缸活塞杆及运动机件有无跳动、振动等现象；

六看产品：根据所用液压元件的品牌和加工质量，判断液压系统的工作状态。

（2）听：用听觉分辨液压系统的各种声响，一般有四听：

一听冲击声：听液压缸换向时冲击声是否过大，液压缸活塞是否撞击缸底和缸盖，换向阀换向是否撞击端盖等；

二听噪声：听液压泵和液压系统工作时的噪声是否过大，溢流阀等元件是否有啸叫声；

三听泄漏声：听油路内部是否有细微而连续的声音；

四听敲击声，听液压泵和液压马达运转时是否有敲击声。

（3）摸：用手抚摸液压元件表面，一般有四摸：

一摸温度：用手抚摸液压泵和液压马达的外壳、液压油箱外壁和阀体表面，若接触2s时感到烫手，一般可认为其温度已超过65℃，应查找原因；

二摸振动：用手抚摸有运动零件部件的外壳、管道或油箱，若有高频振动应检查原因；

三摸爬行：当执行元件、特别是控制机构的零件低速运动时，用手抚摸有运动零件部件的外壳，感觉是否有爬行现象；

四摸松紧程度：用手抚摸开关、紧固或连接的松紧可靠程度。

（4）闻：闻液压油是否发臭变质，导线及油液是否有烧焦的气味等。

简易诊断法虽然有不依赖于液压系统的参数测试、简单易行的优点，但由于各人的感觉不同、判断能力差异、实践经验的多少和对故障的认识不同，判断结果会存在很大差异，所以在使用简易诊断法诊断故障有困难时，可通过拆检、测试某些液压元件以进一步确定故障。

2. 精密诊断法

精密诊断法，即客观诊断法，是指采用检测仪器和电子计算机系统等对高空作业车液压元件、液压系统进行定量分析，从而找出故障部位和原因。精密诊断法包括仪器仪表检测法、油液分析法、振动声学法、超声波检测法、计算机诊断专家系统等。

（1）仪器仪表检测法

利用各种仪器仪表测定高空作业车液压系统、液压元件的各项性能、参数（压力、流量、温度等），将这些数据进行分析、处理，以判断故障所在。

（2）油液分析法

根据资料介绍，高空作业车液压系统的故障约有70%是油液污染引起的，因而利用各种分析手段来鉴别油液中污染物的成分和含量，可以诊断高空作业车液压系统故障及液压油污染程度。

（3）振动声学法

通过振动声学仪器对液压系统的振动和噪声进行检测，按照振动声学规律识别液压元件的磨损状况及其技术状态，在此基础上诊断故障的原因、部位、程度、性质和发展趋势等。

（4）超声波检测法

应用超声波技术在液压元件壳体外和管壁外进行探测，以测量其内部的流量值。常用的方法有回波脉冲法和穿透传输法。

（5）计算机诊断专家系统

基于人工智能的计算机诊断系统能模拟故障专家的思维方式，运用已有的故障诊断的理论知识和专家的实践经验，对收集到的液压元件或液压系统故障信息进行推理分析并作出判断。以微处理器或微型计算机为核心的电子控制系统通常都具有故障自我诊断功能，工作过程中，控制器能不断地检测和判断各主要组成元件工作是否正常。一旦发生异常，控制器通常以故障码的形式向驾驶员指示故障部位，从而可方便准确地查出所出现的故障。

3. 故障诊断顺序

诊断应遵循由外到内、由易到难、由简单到复杂、由个别到一般的原则进行。诊断顺序如下：查阅资料（高空作业车使用说明书及运行、维修记录等）、了解故障发生前后高空作业车的工作情况—外部检查——试车观察——内部系统油路布置检查（参照液压系统图）——仪器检查（压力流量转速和温度等）——分析、判断——拆检、修理——试车、调整——总结、记录。其中先导系统、溢流阀、过载阀、液压泵及滤油器等为故障率较高的原件，应重点检查。

以上诊断故障的几个方面。不是每一项全用上，而是根据不同故障具体灵活地运用。但是，进行任何故障的诊断总离不开思考和分析推理。认真对故障进行分析，可以少走弯路而对故障分析的准确性，却与诊断人员所具备的经验和理论知识的丰富程度有关。

三、液压系统故障与排除

液压系统故障初步诊断内容，见表6-3。

表6-3

液压系统故障的初步诊断	液压系统总流量不足	发动机功率不足，转速偏低 液压泵磨损，泵油不足 液压泵变量机构失灵 管路及滤清器堵塞，通油不畅 油箱缺油
	液压系统工作油压低	液压泵磨损内泄，泵油压力低 溢流阀调整不当或阀芯活、发卡 主操作阀磨损间隙过大或发卡
	液压系统内泄漏	液压泵内泄 液压缸液压电动机内泄 控制阀内泄
	液压系统外泄漏	液压附件漏油 液压泵、控制阀密封损坏，漏油 液压缸、液压电动机漏油
液压系统振动和有噪声		油缸中进空气、液压泵吸油口进空气、粗滤器堵塞 液压泵密封失灵进空气、轴承或旋转体损坏 溢流阀工作不良 液压电动机内部旋转体损坏 控制阀失灵 硬油管固定不良、系统回油不畅

液压系统故障具体排除方法，见表6-4

表 6-4

故障特征	原因分析	排除方法
1. 油泵、油马达、油缸各种阀过热	1. 系统压力太高 2. 卸载阀压力调得太高 3. 油脏或供油不足 4. 油冷却系统故障 5. 油泵效率过低 6. 油泵吸空 7. 油内有空气混入 8. 油泵超载工作 9. 元件磨损或损坏	1. 调整安全阀压力到合适 2. 调整到合适 3. 清洗或更换滤清器，检查油的黏度，把蓄能器油面充满到合适 4. 检查或更换元件 5. 检查或更换元件 6. 更换滤清器，清洗被阻塞的入口管道，清洗蓄能器通气口，更换工作油调整泵速 7. 拧紧易漏接口，把蓄能器油面充满到合适，排出系统中空气，更换泵轴的密封 8. 调整工作载荷，使泵和系统负荷一致 9. 检查或更换
2. 油泵噪声太大	1. 吸空 2. 油内有空气 3. 连接太松或错位 4. 磨损或损坏	1. 更换滤清器，清洗被阻塞的入口管道，清洗蓄能器的通气口，更换工作油，调整泵速 2. 拧紧接口，把蓄能器油面充满到合适．排出系统中空气，更换密封 3. 调整好位置和紧固，检查密封和轴承 4. 检查或更换
3. 马达杂音	1. 连接松动或错位 2. 磨损或损坏	1. 整位并紧固、检查密封和轴承 2. 检查或更换
4. 安全阀有杂音	1. 开启压力或传到下一个阀的压力调得太高 2. 阀门或阀座磨损	1. 调整安全阀压力到合适 2. 检查或更换元件
5. 系统无油	1. 油泵不吸油 2. 驱动装置失效 3. 油泵与取力机构连接切断 4. 驱动油泵电机反接 5. 油泵进出口接反 6. 油从安全阀返回 7. 油泵已损坏	1. 更换滤清器，清洗被阻塞的入口管道，清洗蓄能器的通气口，更换系统的油调整泵速 2. 电动机或柴油机应修复或更换，检查电气线路 3. 更换或调整 4. 调换线路接头 5. 改变进出口接头 6. 调整安全阀压力，检查或更换元件 7. 检查或更换
6. 系统中供油不足	1. 流量控制阀调整不当 2. 安全阀或卸载阀调整不当 3. 系统外漏 4. 液压元件磨损	1. 按需要重新调整 2. 重新调整 3. 紧固连接接头，从系统中排出空气 4. 检查并更换
7. 系统流量太大	流量控制阀调整不当	按需要重新调整

故障特征	原因分析	排除方法
8. 系统无压力或压力太低	1. 没有油 2. 油量太低 3. 减压阀调整不当 4. 外漏严重 5. 减压阀磨损或损坏	1. 更换滤清器，清洗被阻塞的入口管道清洗蓄能器，通气口，更换工作油，调整泵速 2. 按需要重新调整 3. 重新调整 4. 紧固接头，从系统中排出空气 5. 检查并更换
9. 压力不稳	1. 油中有空气 2. 安全阀磨损 3. 油脏 4. 液压元件磨损	1. 拧紧易漏接口，把蓄能器的油充满到合适，排出空气，更换密封 2. 检查并更换 3. 清洗或更换粗滤器和精滤器，排出脏油，冲洗并换新油 4. 检查并更换
10. 压力太高	安全阀或卸载阀调整不当或磨损	重新调整到合适，检查或更换
11. 油缸、油马达不动作	1. 没有油或没有压力 2. 顺序阀或变量机构磨损 3. 机械部分故障 4. 油缸、油马达磨损或损坏	1. 更换滤清器，清洗被阻塞的入口管道，清洗蓄能器通气口，更换工作油，调整泵速 2. 调整和更换 3. 检查机械部分 4. 检查或更换
12. 油缸、油马达动作缓慢	1. 流量太小 2. 油的黏度太大 3. 压力不足 4. 联动装置润滑不良 5. 油缸、油马达磨损或损坏	1. 按需要重新调整 2. 提高油温，若黏度不合适，应换油 3. 按需要重新调整减压阀 4. 清除脏物并加润滑油 5. 检查并更换
13. 工作装置运动不稳	1. 压力不稳定 2. 油中混入空气 3. 联动装置润滑不当 4. 油缸油马达磨损或损坏	1. 检查或更换安全阀，清洗滤油器换新油 2. 拧紧接头，把蓄能器油面充满到合适，排出空气，更换密封件 3. 清除脏物并加润滑 4. 检查并更换
14. 油的泡沫太多	1. 油号不对或黏度不合适 2. 油频繁的通过安全阀 3. 安全阀磨损或损坏	1. 排出油液，冲洗系统，再注新油 2. 调整安全阀使压力合适 3. 检查并更换
15. 管路振动剧烈	1. 液压系统中有空气 2. 工作油不足 3. 管路固定不牢固 4. 背压阀阀芯不灵活或卡死	1. 拧紧接头，把蓄能器油面充满到合适，排出系统中空气，更换密封件 2. 检查并加油 3. 固定牢固 4. 拆检或更换

四、高空作业车常见故障和排除方法

高空作业车常见故障和排除方法，见表 6-5。

表 6-5

故　　障	原　　因	排　除　方　法
液压系统无压力或压力不足造成上车无动作	1. 液压油不清洁	1. 分解溢流阀，用汽油清洗
	2. 电气线路故障	2. 检查线路
	3. 液压元件内泄	3. 修理或更换液压元件
系统流量供应不足，压力偏低	1. 油箱油位过低	1. 检查油箱油位，补油
	2. 油液黏度过大或过小	2. 如因天气过冷，黏度过大，整车预热；更换标准液压油
	3. 油泵吸油不良	3. 检查吸油管路，清洗滤网
	4. 溢流阀不好，调整不灵	4. 检查溢流阀，如损坏更换元器件
液压执行元件爬行，工作臂抖动	1. 液压缸内有空气	1. 全行程往复运动数次（或在最高处松动螺母放气）使缸内空气排出
	2. 工作臂节流阀开度不合适	2. 适当减小单向节流阀开度（但不能过小，否则会引起下落太慢）
	3. 平衡阀控制压力调节不合适	3. 调节平衡阀控制压力弹簧预紧力
	4. 天气冷，油温低，油液黏度过大	4. 给底盘预热或更换液压油
系统发热，油温过高	1. 系统在非工作循环中有大量的压力油损耗	1. 检查溢流阀，发现异常立刻检修更换
	2. 油压黏度过大	2. 检查液压油牌号是否正确
	3. 液压元器件老化	3. 更换密封件或陈旧元件
液压系统有异常振动和噪声	液压元器件堵塞或损坏	检查异响器件，清洗或更换
上臂或下臂下沉（超标）	1. 平衡阀内泄	1. 分解拆洗或更换
	2. 油缸内漏	2. 更换油缸密封
支腿下沉（支腿下沉量指标应为零）	1. 液压锁内泄	1. 更换液压锁
	2. 油缸内漏	2. 更换油缸密封
底盘发动机无法启动	1. 急停开关按钮被按下	1. 检查每个急停开关，释放开关
	2. 熄火继电器损坏	2. 更换继电器
	3. 熄火开关损坏	3. 更换熄火开关
操作下车支腿无动作	1. 上车电源开关未开启	1. 开启电源开关
	2. 上/下车选择开关未切至下车	2. 将选择开关切换至下车
	3. 工作臂初始位置检测开关损坏	3. 更换检测开关
	4. 工作臂不在初始位置	4. 使用液压应急操作将工作臂收回至初始位置
	5. 下车电源保险丝损坏	5. 更换保险丝
	6. 下车液压阀头损坏或液压阀卡死	6. 更换阀头，修理或更换液压阀

故　　障	原　　因	排　除　方　法
支腿支好后，工作臂不能动作	1. 支腿处检测开关损坏	1. 检修
	2. 急停开关处于接通状态	2. 将急停开关复位
	3. 上/下车选择开关未切至上车	3. 将选择开关切换至上车
	4. 上车电源保险丝损坏	4. 更换保险丝
	5. 电气滑环损坏	5. 更换备用线或电气滑环
	6. 上车液压阀头损坏或液压阀卡死	6. 更换阀头，修理或更换液压阀
转台操作没用动作，平台操作有动作	1. 平台/转台切换未选择转台	1. 将切换开关选择至转台
	2. 转台操作开关损坏	2. 更换操作开关
	3. 平台/转台切换继电器损坏	3. 更换继电器
	4. 转台电源保险丝损坏	4. 更换保险丝
转台操作有动作，平台操作没有动作	1. 平台/转台切换未选择平台	1. 将切换开关选择至平台
	2. 平台操作开关损坏	2. 更换操作开关
	3. 工作臂电缆磨损	3. 更换备用线或更换工作臂电缆
	4. 平台/转台切换继电器损坏	4. 更换继电器
	5. 平台电源保险丝损坏	5. 更换保险丝
进行支腿或工作臂操作时，系统无压力	1. 上车电源开关未开启	1. 开启电源开关
	2. 未挂取力器	2. 挂上取力器
	3. 溢流阀卡死	3. 清洗溢流阀
收车后车辆不能行驶	未释放取力	释放取力
应急电泵无法正常工作	1. 应急电泵保险丝损坏	1. 检修应急电泵保险丝
	2. 电源电量不足	2. 补充电源电量或更换电源
	3. 操作开关损坏	3. 更换操作开关

第七章 安 全 防 护

高空作业车是运送工作人员和物品到空中从事高空作业的专用设备，其使用和操作是否正确合理直接关系到工作人员的安全。使用不当不仅导致机器的损坏，还可能导致操作者或人员受到伤害甚至死亡。因此，作业的安全防护是工作的重中之重。在操作过程中，人员及相关设备、设施的安全与防护是最主要的考虑因素。

第一节 基 本 安 全 要 求

一、与"人"相关基本要求

1. 安全防护责任主体

（1）操作者是整台机器中唯一能思考的因素，他的责任并不能因为安全装置的存在而有所减少。操作者在实际操作中要禁止任何精神放松。

（2）安全装置是用来帮助操作者的而不是监督操作者的，且安全装置可能出现故障或因不适当的操作失效，操作者是唯一能负责自己以及机器安全的人，他必须执行所有的安全规程。

2. 操作人员必备条件

（1）未经岗位能力培训考核合格取得操作证（图7-1），不得操作高空作业车参与施工作业。未经获得政府专用汽车驾照人员不得驾驶高空作业车上路；未经带电作业培训的人员禁止使用高空作业车进行带电作业。

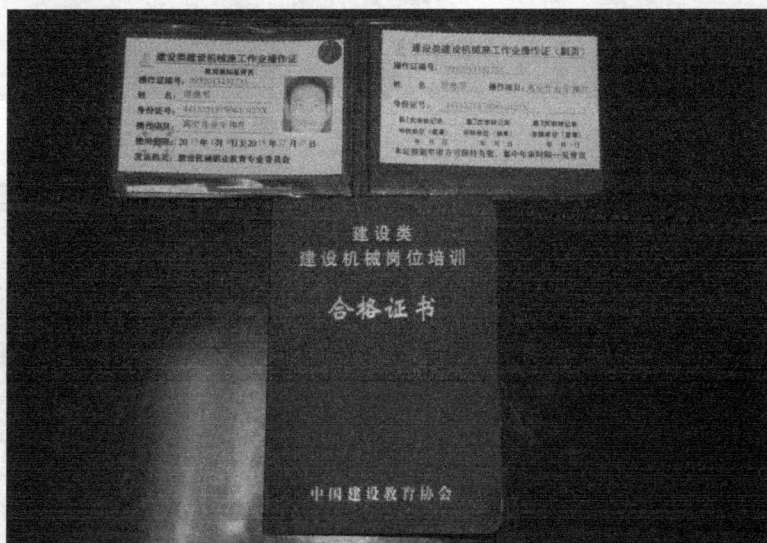

图 7-1

图 7-2

（2）操作人员应全面掌握高空作业车及相关行业的各项安全操作规程及注意事项，严格按照安全要求进行操作，不得违章操作，并掌握在出现紧急情况时及时正确的处理方法。

（3）身体及精神条件能够满足操作车辆及作业车的要求。

（4）高空作业车至少由两人进行操作，其中一人是熟知操作方法的操作员，而且该人必须在地面下车位置或转台操作位置，随时准备进行应急处理工作（图 7-2）。

3. 操作人员安全注意事项

（1）地面操作人员进行操作时，应精力集中，随时注意观察工作情况和周围环境，及时处理各种情况。高处作业操作人员应首先检查安全防护措施是否做好，安全防护设备是否合格。安全带如图 7-3 所示，连接器如图 7-3 所示。

图 7-3

检查项目包括：

装配环或吊带体是否损坏，在检查纺织部件时应检查，磨损或老化以及割破和磨损程度，有无腐蚀变色灼烧和变硬现象。联接钩有无明显的损坏或变形，尤其是在接触点，有无生锈，侵蚀和化学品污染及杂质堵塞。确保铰销和挡杆功能正常。如图 7-4 所示。

（2）操作人员应穿戴安全防护服装，不要佩带戒指、手表、首饰和其他悬挂物

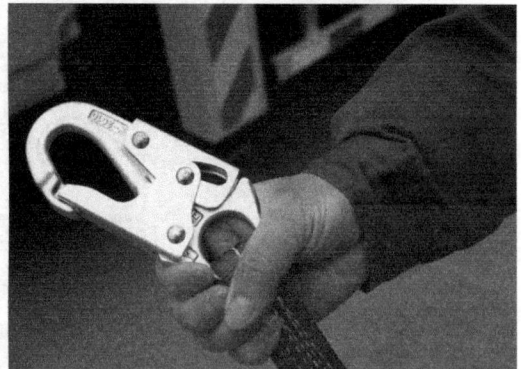

图 7-4

品，不要戴领带、丝巾等，应将工作服拉链或纽扣系好，不敞开工作服工作，这些可能会卡到移动部件里，发生危险。另外，特种作业要进行专项防护。如图 7-3、图 7-4 所示。

（3）服用对反应能力有影响的药品或含酒精的饮料后，不得操作作业车。

（4）操作人员应通过阶梯上下走台板，不得翻越围栏，防止跌倒摔伤。

（5）操作人员应在工作平台处于起始位置时，通过侧门进出平台。当工作平台不在起始位置时，不允许上下平台。如图 7-5 所示。

图 7-5

（6）禁止从工作平台上或者往工作平台上扔物品。

（7）开始操作前，把安全带紧固到平台上专用的结点上。严禁操作人员不系安全带进行作业。如图 7-6 所示。

注解：安全绳连接器应该连接在指定锚固点严禁连接在防护栏杆上，并且禁止攀爬防护栏，双脚禁止脱离防护围栏底板。

图 7-6

（8）如果在操作高空作业车时察觉到任何危险、异常作业或听到任何异常声音，例如摩擦声、爆裂声或刺耳声，请立即停止设备。除非已根据自身的安全常识对这些故障进行诊断和解决，否则不要移动工作臂或平台。

（9）避免接触高压液压系统泄漏所产生的喷溅物。这种喷溅物可能会伤害皮肤或眼睛。热的液压油会造成烫伤，如出现事故，应立即采取医疗措施。如图 7-7、图 7-8 所示。

图 7-7

图 7-8

二、高空作业车安全注意事项

（1）不允许通过不正确的操作或改动机器结构改变机器原有的工作参数。

（2）在车辆行驶前，检查平台内是否遗留没有固定牢固的物品（图 7-9）。

（3）检查绝缘型高空作业车工作斗内衬是否损坏；确保绝缘型高空作业车玻璃钢臂清洁和干燥；聚酯绞车绳无脏物、油脂和潮气（潮湿）。因臂上有异物可降低绝缘性能，所以作业车不具备绝缘性能，不得进行带电作业（图 7-10）。

图 7-9

（4）绝缘型高空作业车放置时间过长（如过夜）或近期维修过，液压油内有空气，会使作业车运动出现异常或不稳定。出车前，应操作上车运动几次，排出圈闭在液压系统内的空气。空气未排尽前，不得从平台内操作高空作业车，否则会发生平台反倒危险（图7-11）。

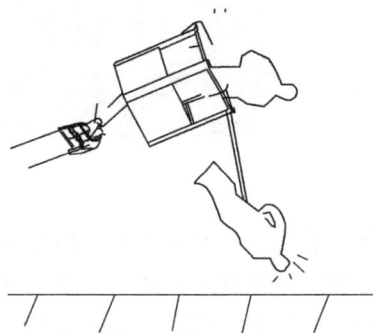

图 7-10

图 7-11

（5）作业曲线、起重曲线标牌安全清晰可见。

（6）仔细检查起重绳是否有磨痕、打扭、切口和其他故障。起重绳一旦损坏或老化就应更换同样尺寸和种类的起重绳。

三、基本环境要求及认识

1. 危险源识别要求

高空作业车不得在有火灾、爆炸危险的区域、高热、腐蚀性的环境以及对操作人员健康有害的粉尘环境工作。参与施工作业应由现场管理方进行安全告知、施工交底（图 7-12）。

图 7-12

2. 作业可视性要求

光线暗淡或能见度低时禁止工作。如果必须在低见度或夜间工作，必须采取措施在平台工作的整个区域保证良好的能见度。没有保证能见度，或者只保证部分区域或一个方向的能见度，可能导致人员严重伤害的危险（图 7-13）。

图 7-13

3. 支撑地面要求及倾覆验算原则

高空作业车工作处地面坚实、平整，地面坡度超过 5°时不得工作。当地面松软，不足以支撑支脚时，必须在支脚下加垫支撑物（如厚木板），以增大支撑面积，减小压力。支脚要落在支撑物的中心。高空作业车支腿在地面上支起后，车轮离地面不小于 20mm（图 7-14）。

图 7-14

图 7-15

4. 温度、湿度要求

高空作业车工作的环境温度范围是−25～＋40℃，超出此范围以外不得工作。雨、雪、雾、雷天气或空气相对湿度大于90%（25℃）时，绝缘型高空作业车严禁工作。

5. 风力要求

因为强风能使工作平台的结构过载，因此风力超过 6 级（12.5m/s）时，作业车不得工作。当超过允许的风速时，停止工作，将工作平台降回初始位置（图 7-15）。

表 7-1 可作为测量风力的参考。

测量风力的参考　　　　　　　　　　　　　　　　　　表 7-1

	风　力	风速（m/s）	现　象
0	无风	0.3	烟一直向上
1	轻风	0.3～1.4	看烟可知风向，风向标不转
2	轻微风	1.4～3	树叶摇动，人的面部能感觉到风
3	轻微风	3～5.3	树叶和小树摇动
4	弱风	5.3～7.8	尘土和纸张被吹起
5	强弱风	7.8～10.6	水面上有小波浪
6	强风	10.6～13.6	旗杆弯曲，打伞行走困难
7	强风	13.6～16.9	树在晃动，迎风行走困难
8	暴风	16.9～20.6	树枝断裂，在开阔地行走困难
9	暴风	20.6～24.4	对建筑物有小的损害
10	大暴风	24.4～28.3	对建筑物有较大损坏，树连根拔起

6. 危险位置车辆停放的安全距离要求

高空作业车工作时，与悬崖和沟渠应保持足够的安全距离。安全距离与地面的类型有关。大致规则为：地面松软可能出现滑坡的沟渠，安全距离应当是沟的深度的 2 倍；不会出现滑坡的结实地面，安全距离为沟的深度（图 7-16）。

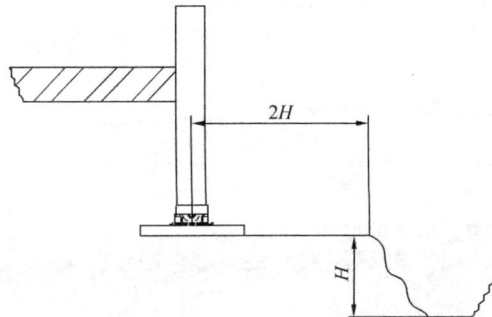

图 7-16

第二节 工作过程安全要求

一、行驶前准备及检查

1. 相关说明书阅读

操作者应仔细阅读底盘使用说明书,熟悉底盘使用要求,同时掌握本说明书中整车行驶性能参数。需要注意的是,当改装厂说明书中行驶性能参数与底盘使用说明书不同之时,以改装厂说明书为准。

2. 底盘相关检查

行驶前按底盘使用要求,检查电瓶是否有电,接触是否牢靠。检查底盘油位、水位、燃油、气压等情况(图7-17)。

图 7-17

3. 检查液压油位,确保液压油箱中的油量达到规定值(图7-18)。

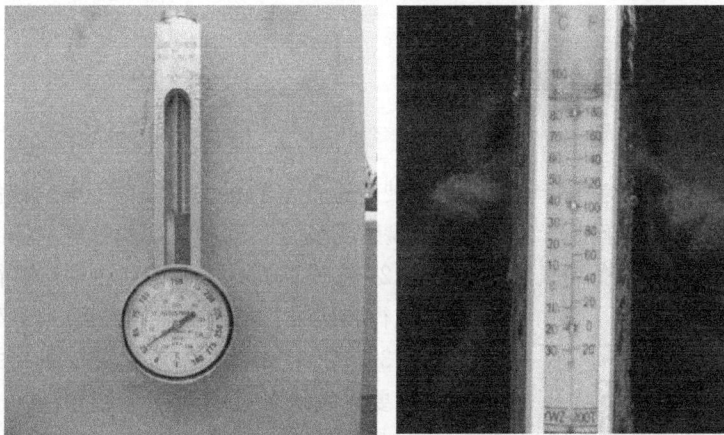

图 7-18

4. 检查工作臂是否落到位,不得悬空。检查支腿是否完全回缩(图7-19)。

5. 长途行驶时,必须检查臂架可靠落在臂支架上,工作平台可靠支撑在支架上,臂架用捆扎带绑紧(图7-20)。

图 7-19

6. 下车控制箱电源是否关闭，取力是否处于脱开状态。

7. 检查工作平台内是否有遗漏的工具或物品，如果有，及时取下。在车辆行驶时，工作平台内绝对禁止人员存留，不得放置任何没有固定牢固的物品。

8. 检查工具箱、转台控制箱、平台控制箱、下车控制箱门是否关好锁死（图 7-21）。

图 7-20

图 7-21

二、行驶时安全要求

1. 按交通法规行驶

驾驶员驾驶车辆要与其准驾相符，行驶前检查车辆相关保险、年审、环保是否符合相关规定要求。另外在行车前，驾驶人员要携带驾驶证。驾驶前切勿饮酒（图 7-22）。

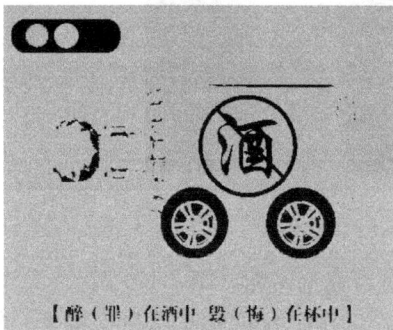

图 7-22

2. 驾驶车辆时，要特别注意车辆行驶高度是否超过行驶桥梁、涵洞的限制高度（图 7-23）。

3. 在松软路面、木桥、重量限制的道路上行驶时，要先确认车重能否通行（图 7-24）。

4. 转弯重心位置注意

因为高空作业车辆为架高作业装置，所以车辆重心较高，因此转弯时速严禁超过 30km/h，且避免急打方向盘，否则容易导致翻车事故。尤其在冬季，车辆的轮胎的稳定性下降，更要格外注意（图 7-25）。

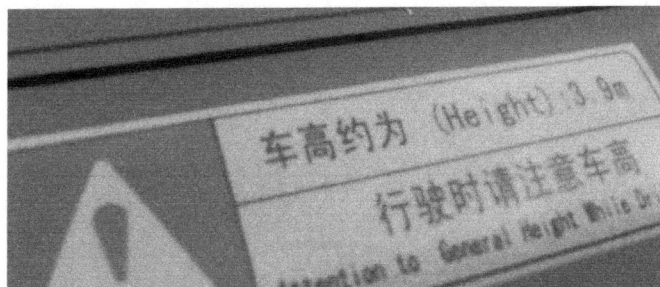

图 7-23

图 7-24

5. 高空作业车辆后方视线不佳，且有些车型有"后伸"，所以，即使配备了倒车影像等设备，倒车时也应听从专人指挥进行（图7-26）。

侧滑

图 7-25

图 7-26

三、作业前准备及工作中的注意事项

1. 作业前准备要求及注意事项

作业前要确认已经获得

（1）在公路上进行工作时，作业车应尽量靠边停放，停放时应考虑支腿伸出长度，在保证稳定性的前提下，尽量少占用正常通行车道。停车后，有人员从左侧进出驾驶室时，应观察前后车辆情况，快速进出，并随时关好车门。操作前及时打开作业车的危险警告信号灯，然后布置好隔离带、隔离墩或防撞车。作业场地不应有危险或有可能导致作业危险的障碍物，否则应采取相应的防护措施（图7-27、图7-28）。

危险区域
禁止入内！

图 7-27

图 7-28

（2）车辆工作地点地面坚实，无孔洞，特别要注意检查支脚处地面坚实度，注意下水道以及其他可能的塌陷点。粗略的检查都不容易发现这些危险点，需要仔细检查，并针对不同环境设置支脚垫木（图 7-29）。

图 7-29

（3）垂直支腿伸出后，要检查支腿和地面的接触情况，保证四条支腿和地面完全接触。支腿下有石块或其他物体，会影响高空作业车的稳定性（图 7-30）。

（4）车辆的纵向与斜坡的方向一致，不能横放在坡上。停车地点地面平整，允许的最大倾斜角为 5°（图 7-31）。

图 7-30

危险：翻车

图 7-31

（5）车辆在坡道停放时，要将稳定性差的方向向着坡道上方，通常双排驾驶室车型前方稳定性一般较其他方向差，在坡道作业时，驾驶室冲上；单排驾驶室车型后方稳定性差，驾驶室应冲下，具体车型稳定性分布，需经制造厂确认。另外，双排驾驶室车型在驾驶室上方作业时，坠物易损伤驾驶室，尽可能避免在驾驶室方向作业（图 7-32）。

图 7-32

（6）地面不平时，允许使用支腿将车架找平。找平后，轮胎应离地，如直接使用支腿找平，轮胎无法离地，需在支腿下使用垫板或木块垫高（图 7-33）。

图 7-33

2. 作业区域的选择及提高作业车稳定的方法

（1）在道路上施工时，车辆尽量靠边，下臂仰角尽可能加大，并避免工作臂在侧方的情况，将工作臂控制在车体内，减少过往车辆碰撞危险（图 7-34、图 7-35）。

图 7-34

图 7-35

（2）作业现场周围要设置警示标志，避免闲人入内。道路作业时，即使是白天作业，也要将车辆安装的警示灯全部打开，车辆尾部安装箭头指示灯可以提高安全性（图7-36）。

（3）因作业地点远离作业车，会造成车辆重心偏离，作业车稳定性减弱。作业时，应将车辆停靠在尽可能接近工作点的位置。

（4）高空作业时，优先调整靠近工作平台的臂，能提高作业效率，确保安全。例如折叠臂车型，在调整空中作业位置时，优先调节小臂，其次上臂，最后调整下臂（图 7-37）。

（5）结束作业回收臂架时，尽可能避免直接下落臂架，应先将伸缩臂回缩，再下落收拢（图 7-38）。

图 7-36

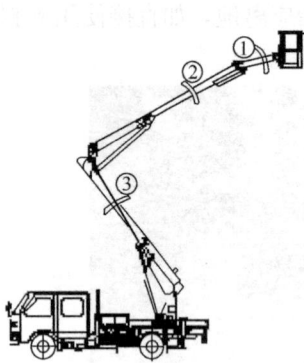

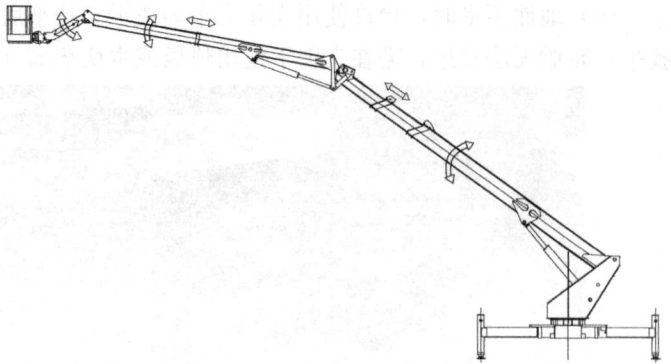

图 7-37   图 7-38

3. 高空作业相关要求及注意事项

（1）操作时，禁止采用凳子或梯子等垫高方式工作，不得攀登工作斗沿工作，工作时不得将身体重心探出工作平台底板以外（图 7-39）。

（2）高空作业和起重作业时，载荷应严格处于作业车允许范围内，不得超负荷工作；严禁在超出起重特性曲线范围时进行起重作业；严禁在起重作业工作区域外进行起重作业；严禁用吊钩横向拖拉重物，尤其不得起吊埋在地下的物体（图 7-40）。

图 7-39   图 7-40

（3）除设置小吊臂的绝缘型高空作业车外，其余高空作业车严禁起重、登高同时作业（图 7-41）。

（4）高空作业时，在工作臂及平台的回转范围内严禁有人员停留，人员必须快速通过，且应时刻注意有无物体落下。要求作业车工作时，禁止无关人员靠近作业车及工作区域，严禁人员从正在作业的作业车工作臂或工作平台下穿越或停留（图 7-42）。

（5）正常情况下禁止使用手动泵操作。应急手动泵控制装置只能用于当发动机或主油泵损坏时，使平台上的操作人员返回地面。

（6）作业时增加迎风面积会导致车辆有倾翻的危险，因此工作时不得在平台上设置板牌，插旗帜等。

危险，禁止站人

图 7-41　　　　　　　　　　　　　　图 7-42

（7）绝缘型高空作业车应与导电线和设备之间应始终保持足够的安全间距。尤其在电线没有断电或情况未知时，更应特别注意。接触或者靠近两个以上的带电导体时，绝缘型高空作业车不提供绝缘保护。一般情况下，工作平台与电线间应按下表保证足够安全距离，如果不知道动力线的电压，请保持最小 5m 的安全距离（见表 7-2）。

表 7-2

电　　压	最小安全距离（m）	电　　压	最小安全距离（m）
0～50kV	3	501～750kV	10
51～220kV	4	751～1000kV	13
221～500kV	5		

（8）绝缘型高空作业车工作时或在导线附近作业时，地面人员不得碰车辆（图7-43）。

图 7-43

4. 起重作业注意事项：

（1）起重作业时，起重臂下严禁站人。

（2）起重作业必须在起重工作区域内进行，且进行起重作业时，上下臂夹角应在 $35°\sim50°$ 之间。

（3）必须在起重标牌规定的起重性能曲线内进行起重作业，吊钩不得横向拖拉重物，尤其不得起吊埋在地下的物体。

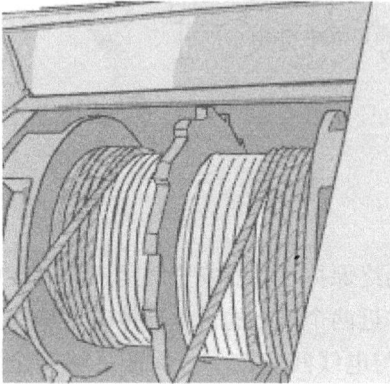

图 7-44

（4）每次作业前都要先做试吊，把重物吊离地面 $50\sim100mm$，试验制动是否可靠。

（5）避免冲击载荷，起重绳突然加载或改变起重绳的张紧度会产生冲击载荷。

（6）起重作业在最大负荷下工作时，吊臂左右旋转角度各不能超过 $45°$。

（7）吊重过程中，严禁带载伸缩，即不允许起吊重物后，再伸出或缩回伸缩臂。

（8）卷筒上的钢丝绳工作时不可全部放完，应保留 $2\sim3$ 圈，以防钢丝绳末端松脱发生事故。

（9）绝缘型高空作业车使用小吊作业时，注意吊重曲线、吊重和工作斗内载荷的匹配（图 7-44）。

第三节　高空作业现场安全管理的基本流程

高空作业车是一种通用设备，可以应用于多种领域，包括电力、路灯、园林、油田、机场、港口等行业。在不同行业的应用中，由于作业环境、作业方式及对安全的要求不同，所以作业流程也不尽相同。

当前，越来越多的行业通过流程性的管理进行风险规避和误操作约束，进一步将作业安全落实到实处。通过综合梳理，电力行业高空作业流程可以成为各个行业作业流程的代表，以电力行业高空作业流程为例，介绍如下：

（1）领取工作票及现场标准化作业指导书。（施工作业岗前学习，熟悉流程）。

（2）现场复勘，核对杆号、工作地点、现场情况等信息（作业环境符合施工要求）。

（3）汇报信息，获得工作许可（作业人员听取指令，服从现场管理）。

（4）组织召开班前会，交工作任务，交安全措施，交技术措施，查工作人员精神状态，查劳动保护装备，查个人用具安全（现场交底、安全告知），如图 7-45 所示。

（5）围栏设置合理规范，警示标志齐全明显，应包含高空作业车作业半径，必要时增设防撞车（做好施工负责范围内清场、警

图 7-45

戒和防护），如图 7-46 所示。

（6）检查车辆停放情况，具体参考高空作业车操作方法及注意事项（做好施工过程检查）。

（7）工器具、材料检查（图 7-47）。

图 7-46

图 7-47

（8）作业过程，应用高空作业车及相应工器具和材料进行作业（按标准规范作业）。

（9）清理现场（做好善后，不留隐患）。

（10）召开现场收工会（做好总结和提高）。

（11）工作终结，汇报工作地点、工作内容、工作结束具备正常运行条件，提示设备、线路、管网、交通可以恢复正常，并填写完工作票（按标准规范要求做好记录）。

（12）文明施工，保护好作业对象及公共设施，树立良好形象（落实安全施工标准化）。

第四节　安全作业防护常识

一、安全作业常识

（1）必须配置经过专门培训合格，具备岗位能力，持证上岗的专业操作人员。

（2）操作人员必须按照机械设备的保养规定，在执行各项检查和保养后方可启动升降平台，工作前应检查平台车的工作范围，清除妨碍平台车回转及行走的障碍物。

（3）支撑是高空作业平台操作的一项重要准备工作，应选择平整的地面，如地基松软或起伏不平，必须用枕木垫实后，才可进行工作。

（4）高空作业平台一般应先起下臂，再起中臂，最后起上臂。在升降平台回转操作过程中，必须在下臂起升一定高度后方可进行回转，回转应缓慢，同时注意剪臂及平台对各设备的距离是否满足安全需要。

（5）工作平台上的操作人员应佩戴安全带，在带电区域工作时，应将车体按规定进行接地，升降平台登高作业应由工作负责人进行指挥，负责人应按照《起重吊运指挥信号》GB 5082 标准规定信号与升降平台操作工进行联系。发出的信号必须清楚、准确。

（6）平台作业前，工作负责人应向操作人员，进行技术和安全交代，内容应包括：工作内容及要求；安全注意事项及危险点；人员分工情况及责任范围。工作负责人除要对车况和操作人员进行检查以外，还要负责查看地形环境、起降是否符合安全技术措施的要求或事先制定的工作方案，如有出入，则应制定出相应的措施后方能开始工作。

二、高处作业安全常识

（1）凡在高地面 2m 及以上的地点进行的工作，都应视作高处作业。凡能在地面上预先作好的工作，都必须在地面上作，尽量减少高处作业。

（2）担任高处作业人员必须身体健康，患有精神病、癫痫病及经医师鉴定患有高血压、心脏病等不宜从事高处作业病的人员，不准参加高处作业。凡发现工作人员有饮酒、精神不振时，禁止登高作业。

（3）高处作业均须采取防坠落措施，方可进行。

（4）在坝顶、陡坡、屋顶、悬崖、杆塔、吊桥以及其他危险的边沿进行工作，临空一面应装设安全网或防护栏杆，否则工作人员须使用安全带。

（5）峭壁、陡坡的场地或人行道上的冰雪、碎石、泥土须经常清理，靠外面一侧须设 1m 高的栏杆。在栏杆内侧设 18cm 高的侧板或土埂，以防坠物伤人。

（6）在没有脚手架或者在没有栏杆的脚手架上工作，高度超过 1.5m，必须使用安全带，或采取其他可靠的安全措施。

（7）安全带在使用前应进行检查，并应定期（每隔 6 个月）进行静荷重试验，试验荷重为 225kg，试验时间为 5 分钟，试验后检查是否有变形、破裂等，并做好试验记录。不合格的安全带应及时处理。

（8）安全带的挂钩或绳子应挂在结实牢固的构件上或专为挂安全带用的钢丝绳上。禁止挂在移动或不牢固的物件上。

（9）高处工作应一律使用工具袋。较大的工具应用绳拴在牢固的构件上，不准随便乱放，以防止从高空坠落发生事故。

（10）在进行高处工作时，除有关人员处，不准他人在工作地点的下面行或逗留，工作地点下面应围栏或装设其他保护装置，防止落物伤人。如在格栅式的平台上工作，为了防止工具和器材掉落，应铺设木板。

（11）不准将工具及材料上下投掷，要用绳系牢后往下或往上吊送，以免打伤下方工作人员或击毁脚手架。

（12）上下层同时进行工作时，中间必须搭设严密牢固的防护隔板，罩棚或其他隔离设施，工作人员必须戴安全帽。

（13）冬季在低于 −10℃进行露天高处工作，必要时应该在施工地区附近设有取暖的休息所，取暖设备应有专人管理，注意防火。

（14）在 6 级及以上的大风以及暴雨、打雷、大雾等恶劣天气，应停止露天高处作业。

（15）禁止登在不坚固的结构上（如石棉瓦屋顶）进行工作。为了防止误登，应在这种结构的必要地点挂上警告牌。

三、"三宝"（安全帽、安全带、安全绳等）使用常识

1. 安全帽

（1）安全帽使用前要检查帽壳、帽衬、帽带是否齐全有效。

（2）使用安全帽前先调整安全帽衬，使帽衬各部分与帽壳相距一定空间。

（3）帽箍应根据人头型来调整箍紧，以防低头作业时帽子前滑挡住视线。

（4）严禁将安全帽两层顶衬合为一层。

（5）安全帽应戴紧、戴正，帽带应系在颌下并系紧。

（6）安全帽的有效期限从产品制造完成之日起计算，塑料帽不超过两年半，玻璃钢帽不超过三年半。

2. 安全带

（1）要束紧腰带，腰扣组件必须系紧系正；

（2）利用安全带进行悬挂作业时，不能将挂钩直接勾在安全带绳上，应勾在安全带绳的挂环上；

（3）禁止将安全带挂在不牢固或带尖锐角的构件上；

（4）使用一同类型安全带，各部件不能擅自更换；

（5）受到严重冲击的安全带，即使外形未变也不可使用；

（6）严禁使用安全带来传递重物；

（7）安全带要挂在上方牢固可靠处，高度不低于腰部；

（8）差速保护器的自锁器在使用前应进行检查。自锁器挂钩，应挂在安全带金属环上。受过严重冲击的自锁器应该停止使用。

3. 安全绳

（1）为保证高空作业人员在移动过程中始终有安全保证，当进行特别危险作业时，要求在系好安全带的同时，系挂在安全绳上。

（2）禁止使用麻绳来做安全绳。

（3）使用 3m 以上的长绳要加缓冲器。

（4）一条安全绳不能两人同时使用。

第八章 人机协同典型工况与事故处置

高空作业平台作为一种高空作业设备，替代脚手架和其他临时支撑，用于将空中施工人员、工具以及材料，快速、安全、舒适地送达作业位置，广泛应用于路灯、电力、园林、电信、交通、石油、厂房修建、船厂、大型场馆、车站、码头、广告等行业和部门。

第一节 作 业 工 况

一、常规工况

1. 路灯维护维修（图 8-1）

进行路灯维修维护时，车辆停放尽可能靠近路边，如灯杆高度明显低于车辆最大作业高度，车辆应选择停放在灯杆前方，如灯杆高度和车辆最大作业高度相当，则车辆回转中心位置接近灯杆停放。车辆停稳后，拉紧手刹，打开双闪灯和警示灯或箭头灯（如安装），观察前后车辆通行情况，快速进出驾驶室。

图 8-1

下车后，在来车方向设置锥筒或工作护栏，护栏和车体要有 20~30m。

检查并判断支腿伸出后的位置是否有窨井盖，孔洞，地面是否平整，对车辆的调平是否有影响，如有问题，进入驾驶室，前后调整车辆位置。

伸支腿时，先伸水平支腿，再伸垂直支腿。伸出后要检查水平支腿是否完全伸出，垂直支腿是否支撑稳固，确保支腿到位，支撑稳固，车辆水平后，再开始高空作业。

举升臂架时，先把臂架举高，尤其是折叠臂车型，必须先把下臂举升到超出支腿部分高度超过 4m，才能进行回转，避免前后车辆碰撞臂架。进行高度较低的作业时，臂架前后放置（图 8-2、图 8-3），减少对路面占用。

图 8-2

图 8-3

工作时，工作平台尽量靠近工作位置，人员可方便的直立在工作平台内工作，避免身体外探（图 8-4）。

工作时不要投掷、抛接将工具、物品。

图 8-4

2. 电力：带电作业

（1）使用绝缘车，根据作业线路电压、作业高度及作业幅度选择相应的绝缘车，操作人员应是经过专业培训并符合要求的才能操作车辆。

（2）在作业区域边界应有警示设置，避免非作业人员进入。保证车辆与作业面在安全距离，所处地面为平整坚实，并将接地线可靠接地。作业前，对车辆各动作进行预动作，确保车辆各动作正常。

（3）严格按照电力施工规程标准进行施工，同时应遵循车辆使用要求进行作业，作业时应时刻观察保证车辆各部件与作业线路的安全距离。

（4）作业完成后，应将工作平台内清空，不得将平台作为储物空间。

（5）绝缘车应有专用车库，保证绝缘车绝缘材料清洁。定期对车辆进行绝缘性能检测，发现问题及时解决，保证车辆绝缘性能良好（图8-5）。

图 8-5

3. 停电作业

（1）检查是否已断电，确保作业环境无带电工况时再进行作业。

（2）车体两侧有人员看护，随时观看车辆在作业时各种动作工况下的位置，避免车辆进入未停电区域。

（3）不要使用工作平台作为吊具起吊变压器等物品。工作平台仅作为载人及承载少量作业工具，并满足在额定载荷下作业。

（4）注意工作时长，确保在停电时间内完成作业（图8-6）。

图 8-6

4. 园林剪枝作业（图 8-7）

（1）在作业周围设置护栏，围住工作区域，防止坠落的树枝伤人。

（2）伸支腿前检查地面情况，确保平整、无空洞、凹陷等。

（3）检查支腿支撑情况，是否撑实。

（4）注意观察上部和工作平台底部情况。

（5）注意高压线和高压线保持安全距离，避免触电危险。

（6）安全帽和其他防护用品，避免树枝擦伤、戳伤。

（7）注意油管电缆与树枝刮擦。

（8）掉落的树枝挂在平台上及时清理避免超载作业。

图 8-7

5. 高架桥及桥梁（图 8-8）

（1）选择合适的工作位置，桥下或桥上，并使用合适的作业车型。

（2）桥下作业应选择作业高度偏大的车型，空中作业范围较大，减少车辆移动次数。

图 8-8

（3）设置警戒线，在工作区域避免其他人员或车辆进入，同时避免伤害到其他。

（4）不要从桥面进出工作平台。

（5）桥上作业。车辆定位在工作点斜前方，减少对桥面的占用。

（6）注意观察臂架和桥护栏相对位置，避免碰撞。

二、特殊工况

1. 低空作业

用于低空水面、桥下、沟壑等臂架伸向下方的作业，该类作业工况需求高空车具有下探的臂架，一般为混合臂架车型（图8-9）。

2. 大作业平台工况

对于部分需要多人同时作业（如天安门华灯灯簇的清洁保养、矿山炸药填塞平台等）的工况，需求工作平台尺寸大并且平台负载能力要强（图8-10）。

图 8-9　　　　　　　　　　　　　　　　　　图 8-10

三、联合作业

1. 旁路作业

旁路作业需要绝缘型高空车与旁路电缆车联合作业。首先用绝缘型高空车将旁路电缆连接到需要检修或更换的高压线段或变压器的两侧，然后断开待检修的高压线段或变压器，对断开的高压线段或变压器进行维修后，再将修好后的高压线段或变压器重新接入电网，并撤下维修期间代用的旁路电缆（图8-11）。

2. 带电更换电线杆

带电更换电线杆作业需要绝缘型高空车与线杆综合作业车联合作业，首先用绝缘型高空车将待更换的电线杆上端的高压线、横担、绝缘子等从电线杆上解下，并将上空的所有带电体进行遮蔽处理。再用线杆综合作业车将待更换的电线杆拔出并立上新的电线杆，最后再用绝缘型高空车将高压线、横担、绝缘子等固定在新的电线杆上（图8-12）。

图 8-11

图 8-12

第二节　联合作业配套机具

作业现场与高空作业车联合作业工况较多，常用配套机具主要有：

（1）移动式工具脚手架。

（2）高空作业平台，如：剪叉式高空作业平台、曲臂式高空作业平台、臂架式高空作业平台、桅柱（套缸式）高空作业平台。

配套选用高空作业平台前，必须周详地规划；必须到现场评估工作平台动作的工作区和地面，以便识别与该工作相关的隐患，并判断是否需要额外的相关风险控制措施。平台有不同额定载荷量、工作高度与伸展长度。有些只能在户内使用，有些则用于凹凸不平的地形。应该以工作的需求慎重选择充分适当的高空作业平台。

选用的高空作业平台应该由授权检查员检查与证实状态良好；按制造规格与设计目的使用（最大安全工作负荷量、地形类别、安装外伸支架等等）；按制造商规格配备所有安全装置。如未经授权，不改动、绕过或移除任何安全地装置。

雇主必须确保只有经岗位培训合格的操作人员才能操作高空作业平台。平台操作人员必须接受完成基于安全标准、作业规程、设备手册、工法等的系统培训，完成他所操作的平台型号的熟悉课程。

一、移动式工具脚手架（塔式鹰架）

移动式工具脚手架（塔式鹰架）是一种特殊形式的脚手架，通常由装配式框架单元构成单跨塔。大部分现有塔式鹰架是铝制的，但也有钢制的。活动型塔式鹰架是一个有安装了脚轮，并装配有效的锁定装置的塔式鹰架。

当塔式鹰架安装了脚轮，在使用作活动式鹰架时，应当严格遵守以下规则：

在移动前，必须检查要经过的路线是否有电线、高空障碍物及地面是否有洞或凹凸不平；

如需在倾斜的地面安装塔式鹰架，就必须采取适当的措施以确保稳定，例如使用外伸支架（Outriggers）。否则，不应在倾斜的地面上安装塔式鹰架；

在未锁定所有脚轮以防止移动的情况下，决不能爬上鹰架；鹰架上有人时，决不能移动鹰架；及不能用遮荫帘等包封材料盖住鹰架，除非鹰架是专门为此目的而设计，并只能用于封闭与防风环境中（图 8-13）。

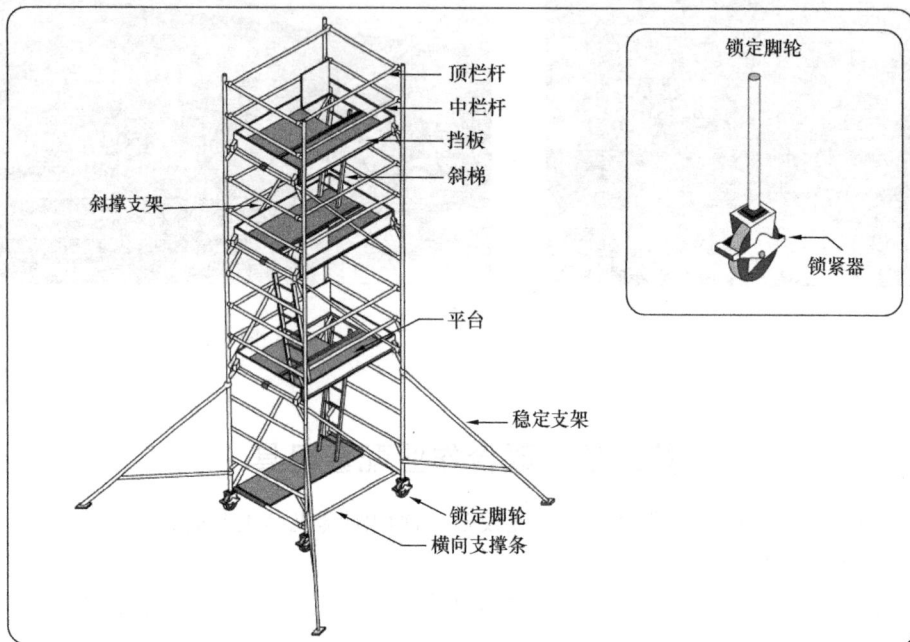

图 8-13

二、剪叉式高空作业平台

剪叉式高空作业平台采用剪叉式机械结构，使升降台起升后有较高的稳定性，适合多人同时作业。其举升机构一般采用高强度锰钢钜形管制作，设有防超载、防液压管路破裂、安全阀、停电应急下降装置等安全保护系统。适用于各行业高空设备安装、检修等可移动性高空作业。根据不同要求可选择不同动力形式（如：三相交流电源、单相交流电源、直流电源和内燃动力等），加配上手动液压装置，可在停电或无电源场所照常升降工作，并可加伸缩平台，在平台长度不足时可延伸至所需位置，从而提高工作效率。如图 8-14 所示。

图 8-14

三、曲臂式高空作业平台

曲臂式高空作业平台采用伸缩曲臂与液压系统结合的升降机构，主要用于具有一定高度的施工对象，平台可承载一个人到两个人，普遍使用于消防部门。曲臂式高空作业平台具有伸缩臂，能悬伸作业，跨越一定的障碍或在一处升降可进行多点作业；360°旋转，平台载重量大，可供两人或多人同时作业并可搭载一定的设备；升降平台移动性好，转移场地方便；适于室内外作业和存放。可满足车站、码头、商场、体育场馆、小区物业、厂矿车间等大范围作业。其动力方式多样，主要有柴油机自行式、电瓶自行式、拖车式等（图8-15）。

曲臂式高空作业平台按照臂展方式可分为直臂和曲臂两种。一般采用柴油机作为动力，能较好适合室外作业；根据需要，也可采用蓄电池作为机器的行走和工作动力。

图 8-15

曲臂高空作业平台车较为常见，广泛适用于市政、电力、路灯、广告、通讯、摄影、园林、交通、码头、机场港口、大型工矿企业等行业的安装维修及登高作业。具有重量轻、自行走、电启动、自支腿、操作简单、作业面大，360°自由旋转，特别是能够跨越障碍进行高空作业等优点。

四、桅柱式高空作业平台

桅柱式高空作业平台一般采用桅柱式竖直伸缩升降结构，载重量大，平台面积大，稳定性极好，靠四轮移动，运转灵活，推行方便，适用于1～2人登高上下操作作业。目前多用高强度优质铝合金材料制造，具有体积小、重量轻、升降平稳、安全可靠等优点。它能在极小的空间内发挥最高的举升能力。代表产品有单立柱式、双立柱式、三立柱式、四立柱式等结构布置形式；单柱式平台的工作高度在10m以下，双柱式平台的工作高度一般在12m以下，多柱式平台的工作高度可以达到20m左右。目前已经广泛用于工厂、宾馆、餐厅、车站、机场影剧院、展览馆等场所，如保养机具、油漆装修、调换灯具、电器、清洁保养等用途。

按照立柱数量，桅柱式高空作业平台如图8-16所示：

图 8-16

(1) 单立柱；

(2) 双立柱 （图8-17）；

(3) 三立柱 （图8-18）；

(4) 四立柱 （图8-19）；

（5）六立柱（图 8-20）。

图 8-17

图 8-18

图 8-19

图 8-20

五、套缸式高空作业平台

套缸式高空作业平台采用多级液压缸直立上升，液压缸采用高强度材质，具有良好的机械性能，塔形梯状护架，使升降台有更高的稳定性。最为常见的单梯防转型广泛适用于车站、码头、酒店、机场以及各种需要登高作业的场合。双梯防转型一般采用双梯防转结构，双速下降系统，最大升高 35m，稳定可靠、操作简便。双梯防转结构保证作业安全稳定，升降油缸有防倾倒设计，保证机器作业的最大范围。主要用途面向电力线路、照明电器、高架管道等安装维护，高空清洁等单人工作的高空作业。动力选配：交流 220V（标准配置）、交流 380V 电源、直流电源、手动泵（图 8-21）。

六、蜘蛛式伸缩臂架高空作业平台

臂架式高空作业升降平台采用伸缩式臂架结构，可使它在受局限的空间和地面上工作，从而有效地对建筑物进行维护保养及清洁。蜘蛛式平台较为常见，体积小、重量轻，缩合尺寸可通过敞开为 0.8m 宽及 2m 高的标准单扇门；对地面的压力非常小，尤其适合

图 8-21

在建筑物内的瓷砖、大理石等地面上工作（图 8-22、图 8-23）。

多方位支撑腿系统，可以单独调节支腿可放置垂直和水平的位置。自动稳定操作系统确保最大工作高度和最大安全系数。先进的自动推进驾驶系统可使其在有限的空间里操作控制。工作篮可左右各 75° 旋转，工作臂可作 360° 连续旋转。带有自动安全操纵系统，以确保即使支腿处于不同平面时也能安全地到达最高工作高度。回转曲臂和伸缩动臂的设计使产品有最大的作业范围（图8-24）。

四只独立液压支撑脚，可顺应环境左右摆动，使平台能于凹凸不平地面及楼梯上操作。适用于室内操作使用。地面底盘及工作篮内均设有控制台。工作篮设有自动水平系统及液压左右旋转功能。工作篮内控制台能控制臂部各种动作。地面控制台为便携式控制台能控制臂部、行车及支撑脚的各种动作。设有紧急手摇泵，在没有动力来源时手动操作设备。支撑脚上设有自动负载控制器，实时检测对地压力。因此各支撑脚在不同的

图 8-22

位置时，升降臂横向伸展距离也会从而受到限制，使机身保持平衡。行车设有快/慢速、前/后方向选择及左右转向功能。整体机身宽度能缩小至 1m 以下，使之易于通过窄门。最高行车时速一般为 2km，爬坡能力为 20%（约 11°）。经过特别设计工作篮，可供使用者快速安装及拆除，使平台运送宽度更小。一般备有两组独立动力系统：24V 电平 ＋ 220V 交流电。支撑脚未完全撑起机身时，升降臂不会升起。升降臂升起后，支撑脚将被锁定，不能回收。地面控制台、工作篮控制台及车身都设有紧急停机装置。升降臂及支撑脚处于收缩状态时，平台具有自行功能。

图 8-23

图 8-24

第三节 典型事故

一、工作臂超极限伸展造成车辆倾倒

2013年5月，某造船有限公司发生一起起重伤害事故。5月26日该公司对一艘外船艏尖舱作业点进行维修作业。高空作业车操作人员王某操作高空作业车，伸展大臂将维修人员张某某从船舷接到高空作业车工作斗。接着，大臂继续往作业点艏尖舱外板处伸展，当工作斗即将接近作业点位置时，高空作业车突然失稳倾倒，大臂迅即失控下沉，碰到码头边缘后搁置，大臂前端及工作斗整体坠入海中，造成同在工作斗中的王某、张某某溺水。随后用码头起重机吊出高空作业车，王某被安全带系挂在工作斗上，张某某失踪。王某经抢救无效死亡。6月在附近海域找到了张某某遗体。

经现场勘查轮船艏尖舱外板中心点与高空作业车回转中心的水平距离20.90m，现场使用的高空作业车额定载重量0.3t，水平状态下大臂额定极限应小于17m（回转中心至工作斗外端）。事发时作业距离（回转中心至外板）大于大臂额定极限。

事故原因分析

（1）高空作业车安全装置存在缺陷，大臂伸展时无限位保护，超出额定极限，造成高空作业车失稳倾倒。

（2）王某操作高空作业车，将大臂伸展超出额定极限，造成高空作业车失稳倾倒。

（3）张某某从空中进出工作平台，违反了作业人员只能从地面进出工作平台的安全要求。

（4）张某某进入工作平台后没有系安全带。

二、载荷超出平台外导致车辆倾翻

2005年9月，新华社记者王某借用一辆12m折臂式高空作业车进行高空拍摄，在随同一名专业操作人员共同登上高空车完成一组拍摄工作后，需要补拍几张，补拍时，操作人员没有和王某一起登高，王某独自升到高空后，身体和机器探出工作平台进行拍摄，工作平台突然发生倾覆，致使王某从近12m的高空坠落，头部撞在车槽边上，经抢救无效死亡。

事故原因分析

（1）王某对车辆安全使用要求不了解，摄影装备连同身体的重量和重心超出高空车工作平台允许范围。

（2）车辆产权单位安全生产培训教育不到位，员工安全意识淡薄，允许未经培训人员单独进入工作平台，进行高空作业。

三、平台载荷不均造成车辆倾翻

2011年6月25日，在北二路肇工街瑞盛汽配城里，一辆橘红色车载式升降车正在进行高空作业，准备用车上的升降台把维修材料给送上去。在装的时候把维修材料都堆放到平台的一边了，导致平台载荷严重不均，车身出现了较大的不平衡，突然向左侧倾翻，横倒在路面，正好砸上了停在对面的面包车，高空作业车及面包车都受到了较大程度的损毁，所幸未发生人员伤亡（图8-25）。

图8-25

事故原因分析

（1）工作平台承载时出现载荷分布严重不均，导致车辆失衡。

（2）车辆操作人员安全意识淡薄，缺乏严格的培训。

四、危险路段车速过快导致车辆碰撞

2012 年 3 月 9 日，在济南市区二环东路与二环南路交界处附近，一辆高空作业车在高速行驶，驾驶员因对倾斜的大树限高通过估计不足，未减速情况下，致使驾驶的高空作业车撞倒一颗直径二三十厘米倾斜的大树，高空作业车旋转 180°倾翻，大树被拦腰撞断，驾驶室严重变形，造成 4 人受伤（图 8-26）。

图 8-26

事故原因分析

（1）车辆驾驶人员安全意识薄弱，在危险路况下，未进行减速。

（2）车辆驾驶人员对危险情况估计不足，对自己车辆参数未充分考虑。

五、限高装置导致车辆被卡

2010 年 6 月，四川资阳市城区，一台 9m 折叠高空作业车在从市区主干道经过，道路上有 2.5m 的限高横杆，并设有清楚的警示标识。驾驶员在通过此路段时忽略了道路上横起的 2.5m 限高横杆，被直接卡在了横杆下面，造成交通拥堵，所幸未发生人员伤亡（图 8-27）。

图 8-27

事故原因分析

（1）车辆驾驶人员粗心大意，忽略了限高警示标识。

（2）车辆驾驶人员安全意识淡薄，在通过桥梁、涵洞等限高装置时，要下车观察情况，确保安全无误时再行通过。

六、支腿未伸展到位导致车辆倾翻

2013年1月，江苏省徐州市一家企业在使用18m伸缩臂高空作业车进行高空作业时，操作员自认为作业高度不高（大概几米），在支腿未完全伸展到位时，便进入工作斗进行举高作业，当进行回转时，车辆发生了倾翻，直接砸向了地面，幸好该操作人员反应迅速，才未发生重大人员伤亡（图8-28）。

图 8-28

事故原因分析

（1）四条支腿水平支腿未完全伸展到位便进行上车操作。

（2）操作人员未经过正规、严格的高空作业车操作培训，安全意识淡薄。

七、高速行驶急转弯导致翻车事故

2010年8月，事故发生在江苏境内，一辆14m折叠臂高空作业车在路过道路转弯处时，未按照要求减速，作业车上装中心高度高，由于惯性作用，作业车发生了侧翻，车辆受损严重，车上两名人员受伤。

事故原因分析

（1）高空作业车重心位置高，行驶稳定性略差。

（2）在经过转弯、坡路等路况下，没有按照要求进行减速，导致车辆重心高、惯性大，发生了翻车。

八、违章使用导致臂架折断事故

2009年，北方某路灯公司在使用带有附加起重功能的高空作业车进行拔树，由于树比较大，最终导致高空作业车臂架折断，幸好未发生人员伤亡，直接经济损失近万元。

事故原因分析

（1）拔树需要的力不可预知，容易产生起重超载。

（2）不得私自改变高空作业车的用途。

（3）高空作业车附加起重功能只能用于吊重作业，且起吊前应确认被起吊载荷不超过起重曲线范围。

九、不按要求擅自修理造成的平台坠落

2005年，四川某企业在使用折叠臂20m高空作业车检修厂区道路路灯，在平台起升到约5m高时，因平衡拉杆断裂，作业平台失去水平，作业人员从作业平台中跌落，因作业人员按规定佩戴了安全带，只导致腰部扭伤的轻微事故。

事故原因分析

（1）高空作业平台机械调平拉杆断裂，导致平台失去水平，作业人员倒出、跌落。

（2）该用户在以往使用过程中，调平拉杆在撞倒障碍物被损坏后，用户擅自仿造了一个平衡拉杆并自行装机使用，其材料强度低于厂家设计要求，且焊缝单薄，不能满足强度要求。

（3）当更换零部件时，应首先与制造厂联系获得售后服务的支持，更换正规厂家的零部件。

十、长期不检修导致车辆线路短路

2007年大连某园林局的一辆高空作业车，在长时间使用下未进行线路检查与检修，车辆线路严重老化、导致在夏天高温暴晒下，线路短路导致车辆起火，发生了车辆自燃，幸好当时车上无人员，消防人员也及时赶到扑救，才未发生更大的损失（图8-29）。

事故原因分析

（1）未按照制造厂家要求进行定期维护和保养。

（2）车辆管理人员安全意识淡薄，未进行正规、严格的培训。

图 8-29

十一、安全图示

1. 避免施工边沿手臂擦伤（图 8-30）

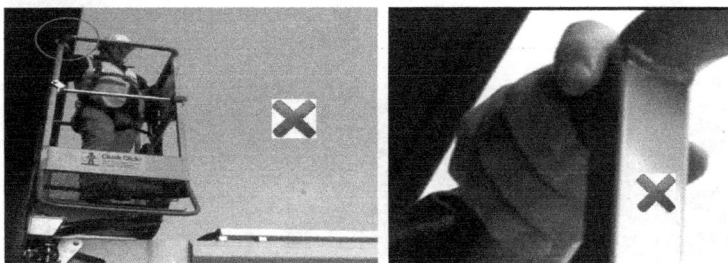

图 8-30

2. 避免施工边沿对人体的挤压伤害（图 8-31）

图 8-31

注意与建筑物保持距离，确保高处作业施工人员的人身安全与设备安全。

3. 避免平台旋转中篮体内人员坠落（图 8-32）

图 8-32

4. 做好环境警示、区域围挡

高空作业时在作业车周围正确设置警示物，以防过路车辆和行人威胁到高空作业人员的安全（图 8-33）。

5. 做好支撑支架及被压位置隐蔽工程调查

地下暗沟等不能有效的支撑高空作业车的液压支架。高空作业时高空作业车的液压支架支撑面用避开可能存在地下暗沟的线路（图 8-34）。

高空作业时在作业车周围注意正确标记障碍物（图 8-35）。

图 8-33

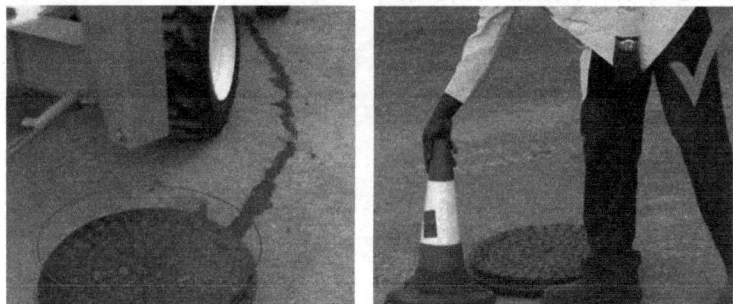

图 8-34

图 8-35

6. 斜坡作业应保持车体平衡

高空作业车在斜坡作业时垫块的选择和放置，当高空作业车在斜坡作业时，如高差太大时，必须如图 8-36 所示，在低侧支腿下加垫板，确保作业安全。

7. 吊物途中禁止再调整副臂角度和位置

高空作业车在吊钩起吊重物时注意，在使用小吊起吊重物时，必须在最初就定好副臂的角度及位置，禁止在吊有重物时再去调整副臂角度及位置，以免发生碰撞等事故（图8-37）。

图 8-36

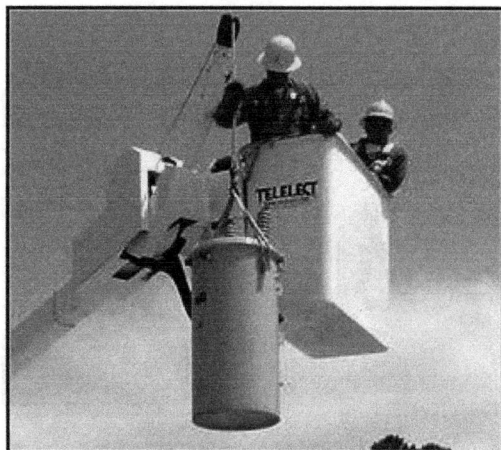

图 8-37

8. 不能停放在坑洼的地方作业

高空作业车辆不能停放在坑洼的地方作业，以免车辆起升作业时发生倾翻事故（图 8-38）。

9. 起吊前必须点检吊绳

高空作业车吊钩吊绳在起吊前必须点检，小吊在起吊前必须点检吊绳，检查吊绳是否有断股现象，按规定及时更换破损调绳，保证作业安全（图 8-39）。

图 8-38

图 8-39

10. 摆放好警示标志以避免对过往行人造成伤害

高空作业车斗上物品注意事项，在高空作业车斗上作业时，在作业半径有效范围内，一定要摆放好警示标志，避免对过往行人造成伤害（图 8-40）。

11. 异常天气应立即停止作业

天气异常时应停止高空作业，当天气出现异常时，如风速达到 10m/s 时，降雨量达到 50mm 以上时，降雪量达到 25mm 时，都应立即停止作业（图 8-41）。

图 8-40

图 8-41

12. 高空作业时禁止吸烟

高空作业时禁止吸烟，以免烟头掉落斗中，引燃工作斗，发生事故。

13. 高空作业小心倾翻化学涂料

高空作业车绝缘斗中化学涂料注意事项：当绝缘斗中载有化学涂料时，要小心不要倾翻，以免腐蚀工作斗，一旦有倾翻发生，马上用中性洗涤剂将污物冲洗掉，然后用软布加清水擦洗干净（图 8-42）。

14. 空作业斜坡停车要拉起手刹

高空作业车斜坡停车注意事项，只能停于 7°以内的斜坡，拉起手刹，并且轮胎下垫塞（图 8-43）。

图 8-42

图 8-43

15. 高空作业斜坡垂直支腿务必按步骤伸出

高空作业车斜坡垂直支腿伸出步骤如图，先伸前支腿，前轮胎离开地面，再伸后支腿（图 8-44）。

16. 斜坡作业保持车体水平

确认高空作业车是否水平，待支完全伸出后，目测车体是否水平（图 8-45）。

图 8-44

17. 支腿按步骤收拢

高空作业车斜坡垂直支腿收拢步骤，先收后支腿，后轮胎着地，再收前支腿（图 8-46）。

18. 高空作业务必正确佩戴护具

高空作业车登上工作斗时必须佩戴的护具。作业者在登上工作斗时必须佩戴安全帽、安全带，同时将安全带的金属扣扣在工作斗护栏的安全搭扣上，可避免因坠落而造成的死亡（图8-47）。

图 8-45

19. 高空作业工作斗注意避让障碍物

移动工作斗时必须先观察移动半径内是否有障碍物，避免工作斗撞上障碍物造成伤亡（图 8-48）。

图 8-46

图 8-47

20. 绝对禁止踩踏在斗护栏上作业

高空作业车工作斗高度达不到作业高度时，不可勉强作业。

因工作斗高度未到作业高度时，绝对禁止踩踏在斗护栏上作业，否则易发生坠落事故（图 8-49）。

图 8-48

图 8-49

21. 高空作业车吊钩严禁超载荷起重

当使用高空作业车上起重功能时，应严格按照限定重量进行起重作业，严禁超负荷起重，以免引起车辆零部件损伤，并引发安全事故（图 8-50）。

图 8-50

第九章　作业现场常见标志标识

住房城乡建设部发布行业标准《建筑工程施工现场标志设置技术规程》编号为 JGJ 348—2014，自 2015 年 5 月 1 日起实施。其中，第 3.0.2 条为强制性条文，必须严格执行。

施工现场安全标志的类型、数量应根据危险部位的性质，分别设置不同的安全标志。建筑工程施工现场的下列危险部位和场所应设置安全标志：

1. 通道口、楼梯口、电梯口和孔洞口；

2. 基坑和基槽外围、管沟和水池边沿；

3. 高差超过 1.5m 的临边部位；

4. 爆破、起重、拆除和其他各种危险作业场所；

5. 爆破物、易燃物、危险气体、危险液体和其他有毒有害危险品存放处；

6. 临时用电设施和施工现场其他可能导致人身伤害的危险部位或场所。

根据现行《建设工程安全生产管理条例》的规定，施工单位应当在施工现场入口处、施工起重机械、临时用电设施、脚手架、出入通道口、楼梯口、电梯井口、孔洞口、桥梁口、隧道口、基坑边沿、爆破物及有害危险气体和液体存放处等危险部位，设置明显的安全警示标志。

施工现场内的各种安全设施、设备、标志等，任何人不得擅自移动、拆除。因施工需要必须移动或拆除时，必须要经项目经理同意后并办理有关手续，方可实施。

安全标志是指在操作人中容易产生错误，有造成事故危险的场所，为了确保安全，所采取的一种标示。此标示由安全色，几何图形符合构成，是用以表达特定安全信息的特殊标示，设置安全标志的目的，是为了引起人们对不安全因素的注意，预防事故发生。

（1）禁止标志：是不准或制止人的某种行为（图形为黑色，禁止符号与文字底色为红色）。

（2）警告标志：是使人注意可能发生的危险（图形警告符号及字体为黑色，图形底色为黄色）。

（3）指令标志：是告诉人必须遵守的意思（图形为白色，指令标志底色均为蓝色）。

（4）提示标志：是向人提示目标的方向。

安全色是表达信息含义的颜色，用来表示禁止、警告、指令、指示等，其作用在于使人能迅速发现或分辨安全标志，提醒人员注意，预防事故发生。

（1）红色：表示禁止、停止、消防和危险的意思。

（2）蓝色：表示指令，必须遵守的规定。

（3）黄色：表示通行、安全和提供信息的意思。

专用标志是结合建筑工程施工现场特点，总结施工现场标志设置的共性所提炼的，专用标志的内容应简单、易懂、易识别；要让从事建筑工程施工的从业人员都准确无误的识别，所传达的信息独一无二，不能产生歧义。其设置的目的是引起人们对不安全因素的注意和规范施工现场标志的设置，达到施工现场安全文明。专用标志可分为名称标志、导向标志、制度类标志和标线4种类型。

多个安全标志在同一处设置时，应按禁止、警告、指令、提示类型的顺序，先左后右，先上后下地排列。出入施工现场遵守安全规定，认知标志，保障安全是实习阶段最应关注的事项。学员和教师均应注意学习施工现场安全管理规定、设备与自我防护知识、成品保护知识、临近作业交叉作业安全规定等；尤其是要了解和认知施工现场安全常识、现场标志，遵守管理规定。

常见标准如下：

《安全色》GB 2893

《安全标志及其使用导则》GB 2894

《道路交通标志和标线》GB 5768—2009

《消防安全标志》GB 13495

《消防安全标志设置要求》GB 15630

《消防应急照明和疏散指示标志》GB 17945

《建筑工程施工现场标志设置技术规程》JGJ 348—2014

《建筑机械使用安全技术规程》JGJ 33—2012

《施工现场机械设备检查技术规程》JGJ 160

根据现行《建设工程安全生产管理条例》的规定，施工单位应当在施工现场入口处、施工起重机械、临时用电设施、脚手架、出入通道口、楼梯口、电梯井口、孔洞口、桥梁口、隧道口、基坑边沿、爆破物及有害危险气体和液体存放处等危险部位，设置明显的安全警示标志。安全警示标志必须符合国家标准。本条重点指出了通道口、预留洞口、楼梯口、电梯井口；基坑边沿、爆破物存放处、有害危险气体和液体存放处应设置安全标志，目的是强化在上述区域安全标志的设置。在施工过程中，当危险部位缺乏提供相应安全信息的安全标志时，极易出现安全事故。为降低施工过程中安全事故发生的概率，要求必须设置明显的安全标志。危险部位安全标志设置的规定，保证了施工现场安全生产活动的正常进行，也为安全检查等活动正常开展提供了依据。

以下根据常见的有关标准，整理了与高空作业车工况有关的标志标示实例，供读者学习。

第一节　禁　止　类　标　志

设备自身与作业现场禁止标志的名称、图形符号、设置范围和地点的规定，见表9-1。

禁止标志 表 9-1

名称	图形符号	设置范围和地点	名称	图形符号	设置范围和地点
禁止通行	禁止通行	封闭施工区域和有潜在危险的区域	禁止入内	禁止入内	禁止非工作人员入内和易造成事故或对人员产生伤害的场所
禁止停留	禁止停留	存在对人体有危害因素的作业场所	禁止吊物下通行	禁止吊物下通行	有吊物或吊装操作的场所
禁止跨越	禁止跨越	施工沟槽等禁止跨越的场所	禁止攀登	禁止攀登	禁止攀登的桩机、变压器等危险场所
禁止跳下	禁止跳下	脚手架等禁止跳下的场所	禁止靠近	禁止靠近	禁止靠近的变压器等危险区域
禁止乘人	禁止乘人	禁止乘人的货物提升设备	禁止启闭	禁止启闭	禁止启闭的电器设备处

名称	图形符号	设置范围和地点	名称	图形符号	设置范围和地点
禁止 踩踏	**禁止踩踏**	禁止踩踏的现 浇混凝土等区域	禁止 合闸	**禁止合闸**	禁止电气设备及 移动电源开关处
禁止 吸烟	**禁止吸烟**	禁止吸烟的木 工加工场等场 所	禁止 转动	**禁止转动**	检修或专人操作 的设备附近
禁止 烟火	**禁止烟火**	禁止烟火的油 罐、木工加工场 等场所	禁止 触摸	**禁止触摸**	禁止触摸的设备 或物体附近
禁止放 易燃物	**禁止放易燃物**	禁止放易燃物 的场所	禁止 戴手套	**禁止戴手套**	戴手套易造成手 部伤害的作业地点
禁止用 水灭火	**禁止用水灭火**	禁止用水灭火 的发电机、配电 房等场所	禁止 堆放	**禁止堆放**	堆放物资影响安 全的场所

续表

名称	图形符号	设置范围和地点	名称	图形符号	设置范围和地点
禁止碰撞	禁止碰撞	易有燃气积聚，设备碰撞发生火花易发生危险的场所	禁止挖掘	禁止挖掘	地下设施等禁止挖掘的区域
禁止操作	正在维修　禁止操作	正在作业的场地	禁止抛物	禁止抛物	在高空作业工况下
禁止挂重物	禁止挂重物	挂重物易发生危险的场所	低温警示	−25℃以下严禁工件 16025	设置与车辆操作位置
禁止站人	臂下严禁站人	存在对人体有危害因素的工作臂	严禁喷水	严禁喷水	禁止喷水的电气设备
禁止操作	未经培训者禁止操作 UNTRAINED PERSON FORBID TO OPERATE	车辆的操作区域	禁止吊重	严禁平台吊重	车辆的操作区域

名称	图形符号	设置范围和地点	名称	图形符号	设置范围和地点
最小伸出	**⚠ 危险** 触电死亡危险 带电作业时，臂必须伸出至最小伸出位置标识以外，否则，会导致死亡或者严重伤害	设置在工作臂上	禁止触摸	高温危险 严禁触摸	设备发烫的位置
禁止踩踏	🚫 **禁止踩踏**	存在对人体有危害因素的零部件上	止步	**止步** **高压危险!**	高电压场所内
禁止入内	**非工作作员** **禁止入内**	不允许外人进入的场所			

第二节 警告标志

设备自身与作业现场警告标志的名称、图形符号、设置范围和地点的规定见表9-2。

警告标志   表9-2

名称	图形符号	设置范围和地点	名称	图形符号	设置范围和地点
注意安全	⚠ **注意安全**	禁止标志中易造成人员伤害的场所	当心触电	⚡ **当心触电**	有可能发生触电危险的场所
当心爆炸	💥 **当心爆炸**	易发生爆炸危险的场所	注意避雷	**避雷装置** **注意避雷**	易发生雷电电击区域

续表

名称	图形符号	设置范围和地点	名称	图形符号	设置范围和地点
当心火灾	当心火灾	易发生火灾的危险场所	当心车辆	当心车辆	车、人混合行走的区域
当心坠落	当心坠落	易发生坠落事故的作业场所	当心滑倒	当心滑倒	易滑倒场所
当心碰头	当心碰头	易碰头的施工区域	当心坑洞	当心坑洞	有坑洞易造成伤害的作业场所
当心绊倒	当心绊倒	地面高低不平易绊倒的场所	当心塌方	当心塌方	有塌方危险区域
当心障碍物	当心障碍物	地面有障碍物并易造成人的伤害的场所	当心冒顶	当心冒顶	有冒顶危险的作业场所

续表

名称	图形符号	设置范围和地点	名称	图形符号	设置范围和地点
当心跌落	**当心跌落**	建筑物边沿、基坑边沿等易跌落场所	当心吊物	**当心吊物**	有吊物作业的场所
当心伤手	**当心伤手**	易造成手部伤害的场所	当心噪声	**当心噪声**	噪声较大易对人体造成伤害的场所
当心机械伤人	**当心机器伤人**	易发生机械卷入、轧压、碾压、剪切等机械伤害的作业场所	注意通风	**注意通风**	通风不良的有限空间
当心扎脚	**当心扎脚**	易造成足部伤害的场所	当心飞溅	**当心飞溅**	有飞溅物质的场所
当心落物	**当心落物**	易发生落物危险的区域	当心自动启动	**当心自动启动**	配有自动启动装置的设备处

续表

名称	图形符号	设置范围和地点	名称	图形符号	设置范围和地点
当心电缆	当心电缆	有电线、电缆经过的地方	当心压脚	当心压脚	四条支腿侧面
提示阅读	请阅读使用说明书	设置在下车和平台操作处	当心高压线	当心高压线	设置在下车和平台操作处
车高警示	车高约为 (Height)：2.8m 行驶时请注意车高 Attention to General Height While Driving	设置驾驶室内	取力警示		设置驾驶室内
保持距离	与机器保持安全距离	设置在下车和平台操作处	接地提示	外接电源 请可靠接地 External power reliable grounding	设备接地卷盘
操作警示	⚠警告	设置在下车和平台操作处	行车提示	行车前确认支腿已收到位 MAKE SURE THE OLTRIGGERS HAVE TAKEN BACK COMPLETELY BEFORE	设置驾驶室内
应急操作	应急泵操作说明	应急泵操作处			

第三节 指 令 标 志

设备自身与作业现场指令标志的名称、图形符号、设置范围和地点的规定见表9-3。

指令标志   表 9-3

名称	图形符号	设置范围和地点	名称	图形符号	设置范围和地点
必须戴防毒面具	必须戴防毒面具	通风不良的有限空间	必须戴安全帽	必须戴安全帽	施工现场
必须戴防护面罩	必须戴防护面罩	有飞溅物质等对面部有伤害的场所	必须戴防护手套	必须戴防护手套	具有腐蚀、灼烫、触电、刺伤等易伤害手部的场所
必须戴防护耳罩	必须戴防护耳罩	噪声较大易对人体造成伤害的场所	必须穿防护鞋	必须穿防护鞋	具有腐蚀、灼烫、触电、刺伤、砸伤等易伤害脚部的场所
必须戴防护眼镜	必须戴防护眼镜	有强光等对眼睛有伤害的场所	必须系安全带	必须系安全带	高处作业的场所

续表

名称	图形符号	设置范围和地点	名称	图形符号	设置范围和地点
必须消除静电	 必须消除静电	有静电火花会导致灾害的场所	必须用防爆工具	 必须用防爆工具	有静电火花会导致灾害的场所
必须穿戴绝缘用品	 必须穿戴绝缘用品	用于带电作业的场合	系安全带	 请系安全带	平台操作处
风速提示	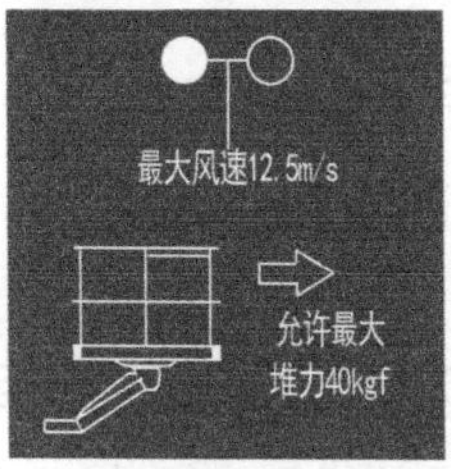 最大风速12.5m/s　允许最大堆力40kgf	平台操作处			

第四节　提　示　标　志

现场提示标志的名称、图形符号、设置范围和地点应符合表9-4的规定。

提示标志　　　　　　　　　　　　表9-4

名称	名称及图形符号	设置范围和地点	名称	名称及图形符号	设置范围和地点
动火区域	 动火区域	施工现场划定的可使用明火的场所	应急避难场所	 应急避难场所	容纳危险区域内疏散人员的场所

续表

名称	名称及图形符号	设置范围和地点	名称	名称及图形符号	设置范围和地点
避险处		躲避危险的场所	紧急出口		用于安全疏散的紧急出口处，与方向箭头结合设在通向紧急出口的通道处（一般应指示方向）

第五节 导 向 标 志

现场导向标志的名称、图形符号、设置范围和地点的规定见表 9-5、表 9-6。

导向标志 交通警告标志 表 9-5

指示标志图形符号	名称	设置范围和地点	禁令标志图形符号	名称	设置范围和地点
	直行	道路边		停车位	停车场前
	向右转弯	道路交叉口前		减速让行	道路交叉口前
	向左转弯	道路交叉口前		禁止驶入	禁止驶入路段入口处前
	靠左则道路行驶	需靠左行驶前		禁止停车	施工现场禁止停车区域

指示标志 图形符号	名称	设置范围 和地点	禁令标志 图形符号	名称	设置范围 和地点
	靠右则 道路行驶	需靠右行驶前		禁止鸣喇叭	施工现场禁止鸣 喇叭区域
	单行路 （按箭头方向 向左或向右）	道路交叉口前	5	限制速度	施工现场入出口等 需限速处
	单行路（直行）	允许单行路前	3m	限制宽度	道路宽度受限处
	人行横道	人穿过道路前	3.5m	限制高度	道路、门框等 高度受限处
10t	限制质量	道路、便桥等限制 质量地点前	检查	停车检查	施工车辆出入口处

交通警告标志 表 9-6

慢	慢行	施工现场出入口、转弯处等
	向左急转弯	施工区域急向左转弯处
	向右急转弯	施工区域急向右转弯处
	上陡坡	施工区域陡坡处，如基坑施工处

续表

图形	名称	
	下陡坡	施工区域陡坡处，如基坑施工处
	注意行人	施工区域与生活区域交叉处

第六节 现 场 标 线

现场标线的图形、名称、设置范围和地点的规定（图 9-1～图 9-3，表 9-7）。

标　　　线

表 9-7

图　形	名　　称	设置范围和地点
	禁止跨越标线	危险区域的地面
	警告标线（斜线倾角为 45°）	易发生危险或可能存在危险的区域，设在固定设施或建（构）筑物上
	警告标线（斜线倾角为 45°）	
	警告标线（斜线倾角为 45°）	
	警告标线	易发生危险或可能存在危险的区域，设在移动设施上
	禁示带	危险区域

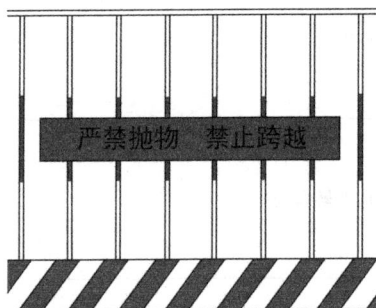

图 9-1　临边防护标线示意图
（标志附在地面和防护栏上）

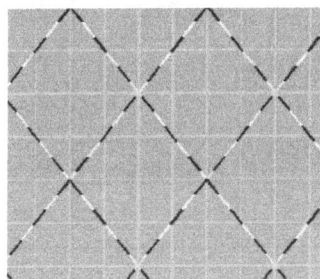

图 9-2　脚手架剪刀撑标线示意图
（标线附在剪刀撑上）

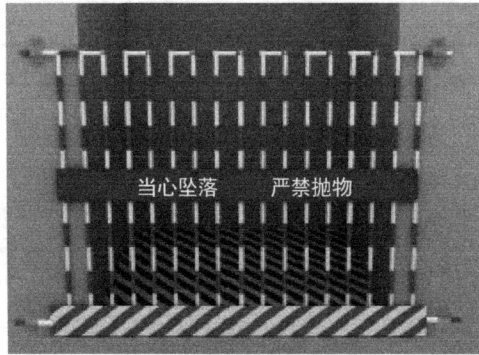

图 9-3 电梯井立面防护标线示意图（标线附在防护栏上）

第七节 制 度 标 志

施工现场制度标志的名称、设置范围和地点的规定（表 9-8）。

制度标志 表 9-8

序号	名 称		设置范围和地点
1	管理制度标志	工程概况标志牌	施工现场大门入口处和相应办公场所
		主要人员及联系电话标志牌	
		安全生产制度标志牌	
		环境保护制度标志牌	
		文明施工制度标志牌	
		消防保卫制度标志牌	
		卫生防疫制度标志牌	
		门卫管理制度标志牌	
		安全管理目标标志牌	
		施工现场平面图标志牌	
		重大危险源识别标志牌	
		材料、工具管理制度标志牌	仓库、堆场等处
		施工现场组织机构标志牌	办公室、会议室等处
		应急预案分工图标志牌	
		施工现场责任表标志牌	
		施工现场安全管理网络图标志牌	
		生活区管理制度标志牌	生活区
2	操作规程标志	施工机械安全操作规程标志牌	施工机械附近
		主要工种安全操作标志牌	各工种人员操作机械附件和工种人员办公室

序号	名　称		设置范围和地点
3	岗位职责标志	各岗位人员职责标志牌	各岗位人员办公和操作场所

名称标志示例:

第八节　道路作业安全标志

高空作业车在道路上进行施工时应根据道路交通的实际需求设置施工标志,路栏,锥形交通路标等安全设施,夜间应有反光或施工警告灯号,人行道上临时移动施工应使用临时护栏。应根据现行,交通状况,交通管理要求,环境及气候特征等情况,设置不同的标志。常用的安全标志表 9-9 已经列出,具体设置方法请参照 GB 5768—2009《道路交通标志和标线》的有关规定执行。

道路施工常用安全标志　　　　　　　　　　　　表 9-9

指示标志图形符号	名称	设置范围和地点	指示标志图形符号	名称	设置范围和地点
前方施工 1km / 前方施工 300m	前方施工	道路边	道路封闭 300m / 道路封闭	道路封闭	道路边
右道封闭 300m / 右道封闭	右道封闭	道路边	左道封闭 300m / 左道封闭	左道封闭	道路边
中间封闭 300m / 中间封闭	中间道路封闭	道路边		施工路栏	路面上

续表

指示标志 图形符号	名称	设置范围 和地点	指示标志 图形符号	名称	设置范围 和地点
	向左行驶	路面上		向右行驶	路面上
	向左改道	道路边		向右改道	道路边
	锥形交 通标	路面上		道口标柱	路面上
				移动性 施工标志	路面上

参 考 文 献

[1] 移动式升降工作平台 安全规则、检查、维护和操作中国标准出版社 GB/T 27548

[2] 移动式升降工作平台 操作人员培训 中国标准出版社 GB/T 27549

[3] 移动式升降工作平台设计计算、安全要求和测试方法中国标准出版社 GB 25849

[4] 高空作业车 GB/T 9465

[5] 安全色 GB 2893

[6] 安全标志及其使用导则 GB 2894

[7] 道路交通标志和标线 GB 5768

[8] 消防安全标志 GB 13495

[9] 消防安全标志设置要求 GB 15630

[10] 消防应急照明和疏散指示标志 GB 17945

[11] 建筑工程施工现场标志设置技术规程 JGJ 348

[12] 建筑机械使用安全技术规程 JGJ 33

[13] 施工现场机械设备检查技术规程 JGJ 160

[14] 高空作业机械安全规则 JG 5099

[15] 机械工程手册电机工程手册 机械工业出版社 1997.

[16] 孙靖民. 机械优化设计 机械工业出版社 2003.

[17] 王飞. 高空作业车电液控制系统研究 [D]. 西安：长安大学 2009

[18] 杜宇寅. 高空作业丰虚拟样机研究 [D]. 西安：长安大学 2009

[19] 陈启松. 液压传动与控制手册 [M]. 上海：上海科学技术出版社 2006

[20] 张利平. 液压气动技术速查手册 化学工业出版社，2007-03

[21] 李德明. 高处作业[M]. 南京：东南大学出版社，2006

[22] 罗振辉. 高空作业车 [M]. 哈尔滨：哈尔滨工程大学出版社，2010

[23] 卞学良. 专用汽车结构与设计 [M]. 北京：机械工业出版社，2008

[24] 杨国平，龙国键. 现代工程机械技术 [M]. 北京：机械工业出版社，2003

[25] 杨国平，刘忠. 现代工程机械液压与液力实用技术 [M]. 北京：人民交通出版社，2003